www.tredition.de

AF185021

Bernd Gundermann

Nicht immer Glück gehabt

Erinnerungen an Kindheit und Jugend

www.tredition.de

© 2020 Bernd Gundermann

Das Comic-Bild auf dem Umschlag mit freundlicher Genehmigung des Egmont-Ehapa-Verlages. Alle anderen Bilder und Illustrationen © 2020 Bernd Gundermann

Verlag und Druck: tredition GmbH, Halenreie 40-44, 22359 Hamburg

ISBN
Paperback: 978-3-7497-8599-5
Hardcover: 978-3-7497-8600-8
e-Book: 978-3-7497-8601-5

Inhalt

EIN PAAR GEDANKEN VORWEG

Fotografien sind Zeit-Fenster. Sie liefern Augenblicks-Ansichten, die einzeln stehen. So sind sie den inselhaften Erinnerungen ähnlich, die wir aus unserem Gedächtnis abrufen können. Doch während Erinnertes oft in nebulösen Mutmaßungen sich verliert, sind gelungene Fotos klar und deutlich konturiert. Was sie darbieten, ist von einer sinnfälligen Konkretheit, die keine Retuschen zulässt. Dieser kleine Chauffeur im Tretauto, dieser verträumte Wicht, der hinter einem viel zu großen Akkordeon steht, dieser blinzelnde Knabe, der sich halb im Ufersand der Elbe hat einbuddeln lassen - all diese Gestalten zeigen zweifellos mich. Aber es sind Bilder des Augenblicks, aus dem Zeitverlauf herausgeschnittene Momente, die verschweigen, was ihnen voranging oder was nachfolgen wird. So wirken sie wie Szenenbilder alter Kinofilme, von denen ich nur den Titel noch erinnern kann.

Außenansichten verraten selten, wie es drinnen aussieht. Das gilt besonders für Fotos von Kindern, die längst erwachsen geworden sind. Bin ich selbst darauf zu sehen, kann Entzücken mit Wehmut, Befremden mit Verwunderung, naive Sehnsucht mit dunkler Beklommenheit sich mischen. Ich möchte mehr über dieses seltsame Kind erfahren. Ein paradoxer Wunsch - bin ich doch niemals von mir getrennt gewesen, und dieser kleine Kerl auf dem Foto lebt auch jetzt noch in mir fort. Trotzdem weiß ich erstaunlich wenig über ihn, erinnere manche Szene, versuche dieses oder jenes Ereignis zu rekonstruieren.

So deutlich konturiert die alten Schwarz-Weiß-Fotos sind, so vieldeutig und vage erscheinen mir heute die abgelichteten Situationen. Wurde da ein braves Kind fotografiert? Oder dessen unbraver Widerwille gebrochen? Wurde ein selbstverliebtes Äffchen aufgenommen? Oder ein Tagträumer beim Sinnieren überrascht? Unvermeidlich gerate ich ins Spekulieren, und wie beim Erinnern ohne Bildstütze erfinde ich mehr oder weniger wahrscheinliche Geschichten.

Der Blick in die Vergangenheit wird durch Vorlieben und Aversionen beeinflusst. Sie können mit der aktuellen Lebensphase, ja mit der momentanen Stimmung sich ändern. In manchen Stunden selektiere ich schlimme Zufälle oder sehe mich als Opfer empörender Willkür, in anderen scheinen Wohlwollen und glückliche Fügungen mein Leben bestimmt zu haben. Gemütszustände haben die Tendenz das Denken ganz und gar zu vereinnahmen. So gelangen wir schnell zu einstimmigen Deutungen und lassen zu pauschalen Urteilen uns hinreißen. Unterm Diktat der Emotionen gerät die Selbstbiographie zur grimmigen Abrechnung, oder sie neigt dazu, einen euphorischen Dankgesang anzustimmen.

Wir erinnern nie das Ganze. Und wir können nie sicher sein, ob ein Kindheitsereignis wirklich so stattgefunden hat, wie wir es erinnern. Es könnte ja mehr oder weniger stark modifiziert sein, damit es einem favourisierten Lebenskonzept sich einfügt. Oder erinnerte Situationen werden verharmlost, um Gefühle abzuwehren, die die eigene Souveränität ins Wanken bringen könnten. Auch ist mit theatralischen Übertreibungen zu rechnen, die grauen Vorfällen interessante Glanzlichter aufsetzen möchten.

Wer seine Lebenserinnerungen aufschreibt, muss erfahren, dass auch die gelungene Darstellung den unerwünschten Nebeneffekt hat, Gedächtnis-Spuren irreversibel zu verwischen. Es ist wie beim Spurengehen auf feuchtem Sand: Mein Fuß zerstört den Fußabdruck des Vorgängers. Analog legt sich das Wortgewebe erzählter Erinnerungen wie ein Teppich über das Erinnerte. Schließlich können Zweifel aufkommen, ob ich dergleichen überhaupt erlebt habe.

Ähnliches geschieht, wenn ich nach Jahren die Orte meiner Kindheit aufsuche. Nur im ersten Moment spüre ich einen Hauch der geheimnisvollen Aura, die den Dingen damals eigen war: Das Ungreifbare von heimeligen Häuserfronten, den Zauber von Innenhöfen, Schrebergärten oder Badeplätzen, wo einst das spielende Kind seine Zeit verträumte.

"Mach den Mund zu, sonst fliegen dir die Fliegen hinein!" spottete damals mein Vater, wenn ich das tiefe Blau einer Enzianblüte anstaunte. Erwachsene sehen anders; vielleicht sehen sie ja gar nicht mehr - sie registrieren nur, was ihnen längst bekannt zu sein scheint und begnügen sich mit abgenutzten Denkschablonen, die sie nachlässig mit der Realität verwechseln.

Doch auch ein sensibler Rückkehrer wird unvermeidlich auf verdeckende Vordergründe stoßen. Nicht nur weil jeder neue Eindruck die alten umformt. Auch objektiv hat sich vieles verändert. Bäume wurden abgesägt oder neu gepflanzt, Verkehrswege verbreitert, Vorgärten verkürzt, einstige Abenteuer-Spielflächen von Häusern überbaut. Die schmalen Siedlungsstraßen, die geplasterten Gehwege, über die mein Tretroller einst holperte - heute sind sie mit Autos zugeparkt. Auch schwindet jeder Anflug kindlicher Poesie, wenn ich die monströsen Müllcontainer betrachte. Nur wenige Dinge gibt es, die kaum verändert sind. Eine unverputzte Backsteinmauer, ein grober Schotterweg zur Straßenbahn, ein immernoch vorhandener Strauch mit seinen violetten kleinen Blüten - das alles ist mir vertraut und empfängt mich mit heimatlicher Wärme. Als eine würzige Duftwolke aus einem Schrebergarten herüberweht, fühle ich mich nur wenige Schritte vom Garten meiner Großeltern entfernt - diesem weiträumigen Paradiesgarten, dessen Beerensträucher, Gemüsebeete, Laubengänge, Obstbäume und Blumenrabatte eng platzierten Wohnhäusern weichen mussten.

Meine erste Rückkehr nach Magdeburg hat mich mehr verwirrt als beglückt. Als sechszehnjähriger Urlauber ging ich durch die Wohnsiedlung. Sie war zu einer Miniaturwelt geschrumpft; alle Häuserzeilen waren zusammengerückt und die Straßenzüge verkürzt. Erst als ich mich auf dem Gehsteig niedersetzte, bekamen die Dinge wieder ihre gewohnten Dimensionen.

Auch Orte gewähren nur punktuelle Erinnerungen. Das haben sie mit alten Fotografien gemein. Abgerufene Lebenserinnerungen zu einer Lebenslinie zu verbinden - das ist eine reizvolle, aber nie ganz überzeugende Prozedur. Rückblickend scheinen Zusammenhänge und leitende Motive erkennbar zu werden. Doch könnten das auch respektable Fiktionen sein, die geeignet sind, Fehlentscheidungen oder peinliche Brüche zu kaschieren. Sollte es wirklich Sinnvektoren geben, die die Grundzüge unseres Lebensganges bestimmen; so bleibt fraglich, ob diese unserem Bewusstsein vollends zugänglich sind.

Auch der gewissenhafteste Biograph wird unvermeidlich Geschichten erfinden; und seine Lebenserinnerungen werden - ob er es will oder nicht - ein Gemisch aus Dichtung und Wahrheit sein.

Das ermuntert meine Fabulierlust. Ich darf meine Erinnerungen ein wenig verändern und sie durch erfundene Zusätze bereichern. Ich darf Erlebtes ein wenig dramatisieren oder humoristische Pointen aufsetzen. Auch kann ich mir erlauben, Vorfälle zu beschreiben, von denen ich keine Erinnerung habe, die mir aber mein Vater oder ein ehemaliger Mitschüler geschildert hat.

Die Kernereignisse habe ich beibehalten. Auch die agierenden Personen habe ich so beschrieben, wie sie mir in Erinnerung geblieben sind. Mehr Freiheiten nahm ich mir bei der Komposition eines Handlungsrahmens. Auch wollte ich nicht darauf verzichten, Kommentare oder Reflexionen einzustreuen, ja in einem Fall habe ich sogar ein aktuelles Ereignis eingearbeitet. Dass die Texte über einen Zeitraum von mehr als zwei Jahrzehnten entstanden sind, kann man ihnen vermutlich anmerken. Heute fällt es mir leichter mich schriftlich auszudrücken. Die Diktion ist einfacher und flüssiger geworden. Vielleicht haben meine Aufzeichnungen ja auch mich selbst verändert, doch hält sich mein Optimismus in Grenzen. Was unterscheidet doch einen Autor von seinem Text? - Den Text kann er leichter und nachhaltiger bessern.

Ich habe das Zwielicht dieser Welt an einem Novembermorgen des Jahres 1947 erblickt. Die ersten acht Jahre verbrachte ich in Magdeburg, die nächsten drei in Nürnberg, und den Rest meiner Jugend in Brackwede am Teutoburger Wald.

FRÜHER TRIUMPH

Ist man vier Jahre jung, bestimmen Mama und Papa wo's lang geht. Dies blieb auch mir nicht erspart. Die Eltern dekretierten, was erlaubt und was verboten war. Meine Wenigkeit hatte sich damit abzufinden, mit einem Szepter der Ohnmacht zu regieren. Auch wenn die Leute angetan flöteten, was für ein allerliebstes, goldiges Prinzlein ich sei: Ich blieb ein machtloser Untertan, der strikten Gehorsam zu üben hatte. Das bereitete mir nicht immer Vergnügen. Einmal allerdings bot sich mir die Gelegenheit, die Führung zu übernehmen.

Die Waldgaststätte *Herrenkrug* war ein gern besuchtes Ausflugslokal. In seiner Nähe befand sich eine Pferderennbahn, an die man leicht auch ohne Eintrittskarte herankommen konnte. Junge Paare, Familien, ja ganze Familienclane waren am Wochenende mit ihren Fahrrädern unterwegs, um dieses Ausflugsziel zu erreichen. Mama, Papa und ich waren also nicht die einzigen an diesem sommerlichen Tag, wir radelten inmitten eines fröhlichen Rudels. Ich selber musste meine Füße freilich still halten, denn ich saß in einem Sitzkorb, direkt unter Papas gebieterischer Nase. Vorsorglich hatte Mama mir ein weiches Kissen unter den Po gelegt, weshalb ich, meinem Rang entsprechend, auf einem komfortablen Prinzenthron saß. Drüben, jenseits des Grünstreifens und der Autostraße, kam uns eine altersschwache, metallisch rasselnde Straßenbahn entgegen, deren harte Holzbänke ich erst gestern zu spüren bekommen hatte.

Wir waren einige Zeit unterwegs, da schrillten Fahrradklingeln hinter unserem Rücken. Das war gewiss nicht Mama, die unauffällig in Papas Windschatten radelte. Es waren, wie sich zeigen sollte, drei Männer auf Rennrädern, die es eilig hatten. Aufmerksam registrierte ich, wie Papa und die anderen Radler bereitwillig zur rechten Seite auswichen, um die Rennfahrer vorbei zu lassen.

Der Radweg nach Herrenkrug ersteckte sich schnurgerade entlang einer Allee von Linden- und Kastanienbäumen. Hier zu fahren war nicht gerade aufregend, zumal Papa beim Fahren kaum redete. Hatte das Überholmanöver nicht eine willkommene Abwechslung geboten? Auch Papas Fahrrad hatte eine Klingel, und die Leute vor uns fuhren in einem ziemlich lahmen Tempo. Kurz entschlossen drückte ich die Klingel, drückte sie ein zweites Mal, und staunte nicht schlecht, als man gehorsam die linke Fahrbahn freigab. Papa blieb nichts anderes übrig als loszuspurten. Er mißbilligte zwar meine Aktion, trat aber kräftig in die Pedale bis wir die angeklingelten Radler überholt hatten. Schon kam das nächste Fahrradgrüppchen in Sichtweite, und ich drückte die Klingel. "Hör mit dem verdammten Unsinn auf!" schimpfte Papa. Doch das beeindruckte mich nicht. Ich saß am Drücker, und alle Macht lag in meinen Händen. Als regierender Prinz ließ ich das Glockensignal ertönen, die Leute machten den Weg frei, und Papa musste losspurten.

Bald hatten wir die Waldgaststätte *Herrenkrug* erreicht. Allerdings mussten wir eine Weile auf Mama warten, die mit unserem Tempo nicht hatte mithalten können.

„Mach' das nie wieder!", drohte Papa und wischte sich den Schweiß aus dem Gesicht: „Sonst nehme ich dich nie wieder mit." Papa war verärgert, außerdem roch er wie ein Rennpferd.

Endlich kam Mama angeradelt. „Na, das ist mir ein feiner Jockey! Der Kleine hat dir ganz schön Dampf gemacht". Mama stieg vom Fahrrad und musste unwillkürlich loslachen. Nun konnte auch Papa sich ein Lächeln nicht verkneifen.

Wir saßen vergnügt im Gästegarten und tranken Apfellimonade, als die Straßenbahn mit schrillem Gequietsche in den Bogen der Endstation einfuhr. Minuten später kamen Tante Minna und Tante Klara in den Gästegarten. Beide begrüßten uns herzlich und nahmen sogleich meine Person ins Visier. Sie hoben und senkten ihre faltigen Gesichter, spitzten die Lippen und begannen die üblichen Komplimente zu flöten:

„Ei, da ist ja auch unser kleines Prinzchen. Sieht er nicht allerliebst aus heute? Was für ein wunderschönes Herzchen er hat".

Tante Klaras hagerer Zeigefinger pikste auf meine weiße Latzhose, genauer: auf dessen bunt besticktes Oberteil, das die Form eines großen Herzens hatte. Unwillig schob ich den Finger beiseite und ließ mich auf Mamas Schoß nehmen. Nun hielt Tante Minna mir ihre schiefe Nase entgegen:

„Ja, mein kleines Herzchen hat ein großes Herz", flötete sie, „und aus dem kleinen Prinzen wird gewiss bald ein großer, starker Mann werden."

Die beiden Tanten kicherten vergnügt. Dabei nickten sie meinem Papa zu. Der aber zog nur sein Taschentuch heraus und wischte sich die Schweißperlen von der Stirn.

DER FERNE KLANG

In jedem Ton tönt die Erinnerung. Wenn heute magische Klänge mich berühren, wenn Orgelakkorde in Gewölben verhallen oder ein Gong düster im Konzertsaal erdröhnt, oder wenn ich tibetische Klangschalen anschlage und ihrem leise ausklingenden Goldklang nachlausche - so führen mich diese Klänge aus großen Räumen oder fernen Kulturen auf verborgenen Wegen ins traute Wohnzimmer meiner Großeltern zurück. Sie führen mich dorthin, wo das Kind, ungeduldig den Stundenschlag erwartend, vor der hohen Bodenstanduhr hockte, und wo das alte Klavier stand, an dem ich mit kleinen ungeschickten Fingern staunend und erschaudernd das Universum zum Klingen brachte.

Uhr und Klavier waren Schwellen zu einer anderen Welt. Sie lockten mit unheimlichen Hintergründen. Schon der tickende Herzschlag aus dem hölzernen Standuhrgehäuse war mir unheimlich, das unablässig bewegte Perpendikel, und erst recht das Rasseln und Surren, welches einsetzte, bevor der Stundenschlag erklang. Zwei Messinggewichte senkten sich hinter der Glasscheibe. Sie mussten von Zeit zu Zeit mit vorsichtiger Hand wieder hochgezogen werden, damit der Uhr ihr Lebensgeist nicht ausging. Bisweilen durfte ich selbst die Fronttür öffnen und an der Kette ziehen, um die schweren Messingzapfen schnarrend nach oben zu befördern. Bei einer dieser Gelegenheiten habe ich versucht, Glocken in der Uhr zu entdecken. Ich wurde enttäuscht. Es waren keine da. Nur ein paar Metallstäbe ragten herunter, deren kümmerliches Aussehen durchaus nicht dem herrlichen Klangspiel entsprach, das ihnen entströmen konnte. Man durfte das Geheimnis nicht mit den Augen suchen. So beschränkte sich mein Augenmerk fortan darauf, am Zifferblatt den Zeigerstand zu beobachten, der das Klangereignis ankündigte. Sobald das Surren begann, war ich nur noch Ohr. Ich lauschte den sonoren Stundenschlägen und ließ mich auf immer zarter werdenden Klangwolken forttragen, bis das Tönen verstummte und ich in eine mysteriöse Stille sank. Es war eine Reise

---

in unbekannte und dennoch seltsam vertraute Fernen. Ich wurde ernst, und in mir wurde eine Sehnsucht wach, die bis heute nicht gestillt ist.

Indes die Standuhr mit ihren Zauberklängen eher geizte und mich vom trägen Gang ihrer Zeiger abhängig machte, war mir das Klavier gefügiger. Wenn ich seinen Tastendeckel öffnete, auf den Klavierhocker stieg und die grüne Filzdecke von den Tasten nahm, erfasste mich ein Gefühl von Abenteuer. Ich konnte kaum ein Lied spielen damals, denn niemand hatte mich unterrichtet. Aber ich hatte auch gar kein Verlangen nach vorschriftsmäßigem Fingerspiel. Ich wollte Klänge entfachen - von den dunklen Basstönen bis zu den hohen spitzen Steinklängen. Ich verband die tiefsten mit den höchsten Tönen, ich wechselte zwischen krausen Reibeklängen und klangschönen Harmonien, oder ich strich, mit gestrecktem Bein das rechte Pedal niederhaltend, glissando über die gesamte Tastatur.

Besonders faszinierten mich die tiefsten Töne. Ihr gongartiges Dröhnen schien in geheimnisvollen Fernen sich zu verlieren. Gebannt saß ich mit schräg geneigtem Kopf, während meine Finger die angeschlagene Taste hielten. Es war, als beugte ich mich über einen magischen Brunnen, in dem die Klänge fortschwebten, um irgendwo anzukommen in einer paradiesisch schönen Anderswelt. Unersättlich wiederholte ich das Tastenspiel. Ich kroch gleichsam in den Klang hinein, wollte wie auf einem Zauberteppich mit ihm wegfliegen und verlor ihn doch wieder, blieb verlassen und enttäuscht zurück. Daraufhin versuchte ich mit wirrem Geklimper mich abzulenken. Ich schlug laute Dissonanzen an oder malträtierte unbarmherzig die höchsten Töne. Das konnte meine Großmutter alarmieren, die dann scheltend ins Wohnzimmer kam, den Schlüssel aus der Vitrine holte und den Klavierdeckel für einige Zeit verschloss.

Solche Eingriffe waren aber die Ausnahme. Meistens tolerierten die Großeltern meine bizarren Klangabenteuer. Hin und wieder schüttelten sie ihre alten Köpfe und legten mir wohlwollend nahe, doch mal „was Anständiges" zu spielen - den *Flohwalzer* zum Beispiel oder *Hänschen klein*. Doch ihre Vorschläge konnten mich nicht begeistern. Auch wenn ich Melodien, die sie mir vorgespielt hatten, zu imitieren begann, schweifte ich bald wieder in musikalische Mystik ab. Wie albern und hausbacken war doch das vorschriftsmäßige Melodiengeklimper, wie ungeheuer dagegen das Raunen und Dröhnen meiner kosmischen Klang-Exkursionen! Ich ließ die höchsten Töne Spuren ins Nachtgedröhn des tiefsten Basstones zeichnen, ich öffnete die Lichtschächte von Quint- und Oktavklängen, ich machte pentatonische Wellenspiele auf den schwarzen Tasten, oder ich kombinierte die schwarze und die weiße Skala, sodass schrille, befremdliche Reibeklänge hervorstachen - Klänge, wie ich sie viel später in der Musik Bela Bartoks wiederfinden sollte.

Die bestürzendsten Offenbarungen waren die Cluster-Klänge. Das war eine Reise ins abwegig Ungeheure, die man nur selten und ausnahmsweise wagen durfte. Ich ließ beide Arme auf alle erreichbaren Tasten fallen und entfachte einen kreischenden Dröhnklang, der sämtliche Laute zu enthalten schien, die jemals im Universum erklungen sind. Ich hörte Orkane tosen, hörte Menschenvölker und Tausende von Tieren brüllen, Vulkane explodieren, Gespensterheere kreischen - es war die Entfesselung eines Pandämoniums der Kraft, des Grauens und der Faszination.

Noch heute sind mir diese Cluster-Klänge unheimlich. Doch vermag ich auch das unsichtbare Leuchten zu spüren - die heilige Stille, um die das dunkle Brausen der Dissonanzen weht. Sterblich ist auch der mächtigste Missklang, auch er verschwebt ins Ferne und Unauslotbare, auch er mündet in eine schweigende Unsterblichkeit.

Eine tibetische Metallschale steht vor mir. Ich ergreife den hölzernen Stab und schlage sie an. Und während ihr heller, feiner Klang verebbt, spüre ich das unsichtbare Licht, das die Klangschale mit der Standuhr und dem Klavier gemein hat, denen das staunende Kind einst verfallen war.

HELDEN IM MORAST

Mein Freund Burkhard war ein schüchternes Kind. Er redete nicht viel, träumte still vor sich hin oder schob - ins Spiel versunken - seine hölzernen Spielzeugautos. In der Schule sollte er oft gehänselt werden, denn er war etwas ängstlich und ungeschickt. Besonders in der Turnstunde. Hinzu kam, dass Burkhard keinen ehrbaren Vater hatte. Ein russischer Besatzungssoldat hatte ihn gezeugt und war dann spurlos verschwunden. Seine Mutter zog Burkhard bei ihren Eltern auf. Allmorgendlich kämmte sie ihm das flachsblonde Haar, blickte ihm traurig in die wasserblauen Augen und steckte seine Stirnhaare mit einer Haarklemme fest. Gewiss sah sie es gern, wenn Burkhard mit mir spielte. Glücklicherweise war das *Russenkind* für meine Eltern kein Kind der Schande, das man zu meiden hatte, sondern sie mochten ihn, und sprachen auch mit der Mutter gern ein paar Worte.

Ich selbst habe keine Fragen gestellt, was Burkhards Herkunft betraf. Wichtig waren mir seine Umgänglichkeit und die Bereitschaft, an meinen bizarren Fantasiespielen teilzunehmen. Zu ihnen gehörten die Eisenbahnspiele, über die alle vernünftigen Leute einmütig die Köpfe schüttelten. Zischend und fauchend liefen wir durch die Wohnsiedlung, ließen unsere Fäuste - die Treibstangen einer Dampflokomotive nachahmend - kräftig durch die Luft kreisen, bremsten scharf, reckten die Köpfe nach hinten, ließen Fahrgäste ein- und ausgestiegen, fuhren prustend los, beschleunigten das Tempo und standen bei all diesen Unternehmungen deutlich hörbar unter Dampf. Die Spucke spritzte zwischen unseren Zähnen heraus. Besonders wenn wir rhythmisch zischend Hänge hinauffuhren. Es beeindruckte uns kaum und konnte unserem Berufsstolz nichts anhaben, wenn zwei hübsche Mädchen aus der Nachbarschaft uns *die beiden Bekloppten* nannten. Sie hatten eben keine Ahnung, welchen Genuss es bereiten konnte, auf Schienensträngen, deren Verlauf allein wir bestimmten, mit staunenden Fahrgästen durch fantastische Landschaften zu fahren.

Diese Landschaften existierten freilich nur in unserer Fantasie, und die Reichweite unseres Schienennetzes betrug kaum mehr als einen Kilometer. Unermüdlich dampften wir dieselben Häuserfronten entlang, passierten verwinkelte Innenhöfe und kehrten zurück zum Zentralbahnhof vor unserer Haustür.

Während Burkhard in diesem Tun vollständig aufging und kein Verlangen spürte, die vertraute Umgebung zu verlassen, trieb es mich ins Weite und in die Welt realer Abenteuer. Besonders die sumpfigen Weiher auf dem Anger zogen mich an. Hier wuchsen Rohrkolbenpflanzen, deren braune Blütenstände wie Zigarren aussahen. Waren sie trocken genug, konnte man sie anzünden, und sie verbreiteten einen würzigen Räucherduft. In einem der Weiher blühten sogar Seerosen. Auf ihren Schwimmblättern hockten quakende Frösche, die ihre Schallblasen wie Gummiballons blähten. Kreisende Taumelkäfer und spinnenbeinige Wasserläufer ließen die Wasseroberfläche erzittern. Libellen schwirrten durch die Luft, und gelegentlich erhob sich ein Reiher aus dem Röhricht. Vieles gab es zu entdecken, doch musste man aufpassen, festen Boden unter den Füßen zu behalten. So sehr ich die Eisenbahnspiele liebte, der Anger war ungleich verlockender. Besonders faszinierten mich die Frösche, wenn sie platschend ins Wasser hüpften, mit ihren langen Beinen ruderten und plötzlich innehielten, um mich mit ihren Glotzaugen anzustarren.

Eines Tages legte ich meine Hand auf Burkhards Schulter und fragte ihn, ob er mich zum Anger begleiten wolle. Zunächst war er keineswegs begeistert. Die Gegend war ihm unheimlich. Schon das ferne Quaken der Frösche schien ihm Furcht einzuflößen. Doch wurde er neugierig, als ich ihm eine Zigarre vor die Nase hielt, die ich aus dem Röhricht mitgebracht hatte.

„Der Müllberg ist in der Nähe. Dort gibt es heiße Asche, und wir könnten zusammen Friedenszigarren rauchen."

Burkhard betrachtete das seltsame Gewächs.

„Und das kann man wirklich rauchen?" fragte er zweifelnd.

„Na ja, richtig rauchen kann man Rohrkolben nicht. Aber qualmen tun sie ganz famos - viel besser als echte Zigarren."

„Und Feuer ist auf dem Müllberg, sagst du?" Burkhard schnüffelte am braunen Kolben, dessen samtene Oberfläche ihn an die Filzpantoffeln seines Großvaters erinnerte.

„Freilich", erwiderte ich, „dort wird heiße Asche abgeladen. Man braucht nur Papier reinlegen und kräftig pusten - und schon hat man Feuer."

„Und wenn man uns erwischt?"

„Ach, wer soll uns da schon erwischen? Man sieht doch von fern, wenn jemand kommt. Und meistens kommt keiner. Ich bin schon stundenlang allein auf dem Müllberg gewesen. Und dann der Anger - unglaublich, was du da alles entdecken kannst: Tiere, die du noch nie gesehen hast; Spinnen, die auf dem Wasser laufen; Vögel mit langen Beinen und Frösche, die bunte Bäuche haben."

„Frösche mit bunten Bäuchen? Du spinnst ja wohl! Frösche sind grün. Grün wie Gras ... sagt mein Opa."

„Ach, dein Opa hat keine Ahnung. Du solltest wirklich mal mitkommen. Ich würde dir die bunten Frösche zeigen."

„Bunte Frösche - so ein Unsinn!", beharrte Burkhard. „Jetzt erzähle mir nur noch, dass es dort blaue Pferde gibt oder grüne Kühe. Oder Fliegen mit goldenen Flügeln."

„Viel aufregender!", erwiderte ich. „Dort gibt es Libellen, die blau, rot oder grün in der Sonne glänzen. Wie Hubschrauber stehen sie in der Luft und sausen dann pfeilschnell davon."

Burkhard schüttelte den Kopf: „Du kannst mir viel erzählen. Ich fahre lieber mit der Eisenbahn."

„Das lässt sich machen, Burkhard! Wir eröffnen einfach eine neue Eisenbahnlinie. Wir fahren mit dem Fernschnellzug nach Amerika und besuchen dort die bunten Frösche."

„Du meinst, wir legen eine ganz neue Strecke an?" Jetzt fing Burkhard Feuer.

„Einverstanden, ich komme mit. Morgen um halb Zwei ist Abfahrt. Wir werden Schlafwagen anhängen müssen."

Als ich vor der verabredeten Zeit aus dem Fenster blickte, stellte Burkhard schon die Wagen für den Fernschnellzug zusammen. Er sah aus wie ein Eisenbahnschaffner; trug ein hellblaues Hemd, eine veilchenblaue Kniehose, gelbe Strümpfe und ockerfarbene Sandalen, die im Licht der Sonne glänzten.

Ich ging hinunter und überprüfte die Vorbereitungen:

„Ist genug Wasser im Kessel?"

„Selbstverständlich, genug für die nächsten dreitausend Kilometer."

„Und die Kohlen reichen auch?"

„Na klar, ich habe einen zweiten Kohlentender angehängt."

„Großartig, dann können wir ja starten."

„Jawohl, pünktlich wie die Eisenbahn!"

Diesmal fuhren wir mit zwei zusammengekuppelten Lokomotiven. Mit vereinten Kräften sorgten wir für Antrieb, indem jeder ein eigenes Paar Treibstangen bewegte.

Vor der Haustür stiegen die Fahrgäste ein - lauter vermögende Leute, die sich die teure Reise leisten konnten. Wir gaben Dampf, überquerten die Straße und fuhren auf einem von Ligusterhecken gesäumten Grasstreifen. Bald hatten wir volles Tempo erreicht und zischelten die flotten Rhythmen einer Schnellzuglokomotive.

Geschätzte fünfzig Stunden waren wir unterwegs, als die Häuserfronten sich zu lichten begannen. Der Anger kam in Sicht.

„Schau Burkhard, dort sind die Weiher mit den Rohrkolben!"

„Dann sind wir schon in Amerika?"

„Ja, hier beginnt das Land der Frösche und der Riesenzigarren."

„Endstation!" trompetete Burkhard und bremste scharf. Unter lebhaftem Gepruste kam unser Fernschnellzug zum Stillstand.

„Alles aussteigen!"

Die Fahrgäste verließen den Zug, einige sichtlich erschöpft von der langen Reise.

„Ist noch reichlich Zeit bis zur Rückfahrt", frohlockte ich.

„Dann erobern wir jetzt Amerika", rief Burkhard. „Geh' du voran!"

Wir kamen über eine Wiese, deren Butterblumen in der Sonne glänzten, und erreichten bald das erste Schilfufer. Doch die Rohrkolben standen viel zu tief im Wasser.

„Da kommen wir nicht dran", sagte ich. „Wir müssen anderswo suchen."

„Was ist denn das für 'n komischer Vogel?" Burkhard wies mit dem Finger zum anderen Ufer. Eine bunte Ente mit Kopfschmuck und hochgestellten Flügeln ruderte am Schilfrand.

„Das ist eine Apfelsinen-Ente!" erklärte ich. „Die kommt bestimmt aus Italien. Das muss ich meinem Onkel erzählen. Der kennt sich aus mit solchen Tieren."

Die bunte Ente verschwand im Schilf.

„Komm, lass uns weiter suchen. Achte aber auf den Weg. Der ist ziemlich glitschig."

Im Zick-Zack-Kurs sprangen wir über Pfützen und gelangten schließlich zum größten Weiher. Wie auf Knopfdruck löste jeder unserer Schritte ein panisches Froschhüpfen aus. Staunend sah Burkhard die Tiere scharenweise ins Wasser springen.

„Schau, da ist ein besonderer Frosch!" rief er.

„Das ist eine Unke", erwiderte ich, "die hat dunkle Warzen auf dem Rücken."

Burkhard griff nach einem Stöckchen und versuchte das Tier zu reizen. Sofort richtete die Unke sich auf, bog die Arme nach hinten und zeigte dem verdutzten Burkhard ihre gelbe, blauschwarz gefleckte Vorderseite.

„Na, glaubst du mir nun?" rief ich triumphierend. „Das ist eine Gelbbauch-Unke,   Rotbauch-Unken sind etwas kleiner. Wenn

Unken sich bedroht fühlen, zeigen sie ihren farbigen Bauch, um Feinde damit abzuschrecken."

„Mich hat sie auch ganz schön erschreckt", gestand Burkhard. „So was Komisches hab ich mein Leben lang noch nicht gesehen."

Wenig später weckten große, glänzende Brummer unsere Aufmerksamkeit, die stoßweise über die Weiherfläche jagten: „Das sind Libellen", erklärte ich. „Die können sogar paarweise umherfliegen - etwa so, wie wir vorhin Lokomotive gefahren sind."

Burkhard machte große Augen; an einem Schilfhalm saß ein solches Libellenpaar. Die erste Libelle hatte mit ihrer Schwanzzange die zweite am Genick gepackt, während die zweite Libelle sich am Bauch der ersten festhielt.

„Warum machen sie das?" wollte Burkhard wissen.

„Das weiß ich auch nicht genau. Mein Onkel sagt, dass sie auf diese Weise Hochzeit feiern."

„Hochzeit?" stutzte Burkhard. „Ob das man stimmt. Ich glaube eher, dass die eine Libelle die andere auffressen will."

„Mag sein", sagte ich, „vielleicht läuft ja beides auf das gleiche hinaus. Ich werde meinen Onkel nochmal fragen."

Endlich erreichten wir eine günstige Stelle, wo Rohrkolben in Ufernähe wuchsen.

„Na Burkhard, sind das nicht prächtige Zigarren?"

Aufmerksam beobachtete er, wie ich mich an die braunen Kolben heranmachte. Einen Halm nach dem anderen angelnd, knickte ich die Zigarren ab.

Plötzlich lief Wasser in meine Schuhe: „Verdammt, ich habe ein Fußbad genommen!"

Als ich zurückkam, prüfte Burkhard seine Sandalen. Nur die Schuhränder waren beschmutzt, ansonsten glänzten sie noch makellos.

„Hoffentlich kommen wir hier heil wieder heraus," argwöhnte er. „Ich bin doch kein Frosch, der durch Schlamm schwimmen kann."

„Ich hoffe, du bist kein Frosch, der sich jetzt die Hosen voll macht", erwiderte ich. „Wir sind doch heil hierher gekommen, nun wirst Du auch den Rückweg heil überstehen."

Zögernd folgte Burkhard meinen Schritten. Aus dem Weiher glotzen zwei fette Frösche uns an.

Plötzlich ein schmatzendes Geräusch. Burkard war eingesunken, bis zu den Knöcheln steckte er im Schlamm. Ich fasste seine Arme und zog ihn heraus. Auf sicherem Boden angekommen, begann Burkhard erbärmlich zu heulen. Entrüstet wies er auf seine neuen Sandalen, aus denen der Schlamm quoll.

„Komm", sagte ich, „drüben am Ufer kannst du sie abspülen."

Doch Burkhard weigerte sich, er wollte keinen Schritt mehr weitergehen. Stattdessen stampfte er trotzig mit den Füßen auf, dass der Morast aus den Sandalenlöchern schoß, und er heulte wie ein kleines Kind.

Jetzt wollte ich ihm beweisen, was wahre Freundschaft vermag: „Komm Burkhard, ich nehme dich Huckepack."

Wortlos ließ Burkhard sich auf meinen Rücken nehmen.

Doch die Heldentat endete in einem Desaster: Nach drei, vier mühsamen Schritten versank ich knietief im Schlamm.

Es dauerte eine Weile, bis ich wieder festen Boden unter die Füße bekam. Burkhard, der unbeschadet die ganze Zeit auf meinem Rücken geritten war, heulte noch lauter als zuvor.

„So ein Mist!" rief ich und setzte ihn ab. „Und du hör' endlich mit dem Geflenne auf. Guck doch mal, wie ich aussehe! "

Wir sahen beide nicht gut aus. Burkhards gelbe Strümpfe waren nur am oberen Rand noch gelb, und vom Glanz seiner Sandalen war nichts mehr zu erkennen. Meine Beine sahen aus, als hätte man sie mit dicker Farbe angestrichen.

„Komm, lass uns das Schlimmste abwaschen", schlug ich kleinlaut vor. An sicherer Uferstelle tauchten wir die Füße ins Wasser und versuchten den Schlamm zu entfernen. Zwei Blässhühner beobachteten uns dabei, und Frösche quakten ein schadenfrohes „Öeck-öeck-öeck".

So sehr wir uns bemühten, die Spuren unserer Fehltritte blieben deutlich sichtbar. Deprimiert machten wir uns auf den Heimweg. Ich nahm die zerknickten Zigarren aus meinen Hosentaschen und warf sie achtlos ins Gras.

Diesmal fuhren wir nicht mit dem Fernschnellzug. Den langen Rückweg von Amerika legten wir zu Fuß zurück - bedrängt von der bangen Frage, wie wohl die Mütter uns empfangen würden.

EINE RASENDE KUTSCHFAHRT

Schon als Siebenjähriger gehörte ich nicht zu den schnellsten. Für den Heimweg von der Schule benötigte ich mindestens eine Stunde Zeit. Sabine und Monika, die vier Häuser weiter wohnten und mit mir in der gleichen Klasse unterrichtet wurden, brauchten für diese Wegstrecke keine dreißig Minuten. Deshalb haben meine Eltern sie mir als Vorbild anempfohlen. Doch erreichten sie lediglich, dass ich die beiden Mädchen zu hassen begann und zustimmend nickte, wenn unser Großmaul Kalle sie *die blöden Weiber* nannte.

Wie aber jeder Geizhals mal ein Verschwender, jeder Schurke mal ein Heiliger und jeder allzu fleißige Mensch mal ein richtiges Faultier sein möchte, so wollte ich ausnahmsweise einmal zu den ganz Schnellen gehören. Daher lockte mich Haralds Angebot, auf dem Pferdefuhrwerk eines ihm bekannten Kutschers mitfahren zu können. Dieser hatte eben die letzten Kartoffelsäcke vom Kutschwagen genommen und war vorerst im Hause verschwunden. Wie Harald mir versicherte, würde er in wenigen Minuten zurückkehren und losfahren, die Berliner Chaussee entlang. Das war meine Wegrichtung und auch die meines Freundes Burkhard. So warteten wir in der Seitenstraße, wo Pferd und Wagen bereit standen. Zu meinem Verdruss erschienen auch die beiden Mustermädchen Sabine und Monika und erkundigten sich, ob sie mitfahren dürften.

„Selbstverständlich, Platz ist genug im Wagen", antwortete Harald. „Wartet ein wenig, gleich geht's los."

Die blonde Sabine trat an das braune Pferd heran und tätschelte liebevoll seinen Hals. Ihre Freundin, die mausgesichtige Monika, nahm den Schulranzen vom Rücken und blickte mich skeptisch von der Seite an. Da kam Kalle um die Ecke.

„Was denn, die wollen auch mit?", trötete er. „Die sind doch viel zu fein angezogen. Prinzessinnen sollten besser zu Fuß gehen und sich nicht mit Pferdemist beschmutzen".

Der kleine, schmächtige Kalle war wie immer frech und vorlaut. Dabei war er ein Feigling, der nur deshalb ein loses Maul riskierte, weil er wieselflink war und wie kein anderer davonlaufen konnte, wenn die Situation brenzlig wurde.

Die Mädchen schauten einander an. „Sollen Kleinkinder wie dieses da etwa auch mitfahren?" Sabine wies verächtlich mir dem Kopf nach Kalle.

„Nun vertragt euch mal ausnahmsweise", versuchte Harald zu schlichten. „Ihr braucht ja nicht gleich zu heiraten, wenn ihr *einmal* auf dem gleichen Wagen fahrt!"

„Den heiraten? Dass ich nicht lache. Da würde ich lieber ein Pferd heiraten. Das quatscht wenigstens nicht solchen Blödsinn zusammen wie dieses hirnlose Großmaul." Sabines Augen funkelten.

Kalle sagte nichts, sondern schnitt nur eine Grimasse.

Die Wartezeit zog sich hin. Harald begann mit kleinen Bällen zu jonglieren, die er immer bei sich hatte. Er war der geschickteste Turner in der Klasse. Keiner flog wie er über den Sprungkasten, keiner wirbelte flinker am Barren, keiner erreichte schneller die Spitze der Kletterstange. Da er in den übrigen Schulfächern nicht gerade glänzte, genoss er um so mehr sein Ansehen im Fach Sport. Nannten wir ihn *Spring-Affen-Harry*, erfüllte ihn das mit stolzer Genugtuung.

„Dein Kutscher scheint erst einmal eine lange Pause zu machen", wandte sich die mausgesichtige Monika an Harald, der unbeirrt seine Bälle warf und fing.

„Wer weiß, vielleicht isst er ja erst zu Mittag", gab Sabine zu bedenken. „Komm, wir laufen besser zu Fuß! Sonst treiben wir hier noch Wurzeln, und daheim wird das Essen kalt."

Die Mädchen nahmen ihre Schulranzen auf und entfernten sich.

„Wartet nur, ihr Weiber, gleich werden wir euch überholen", rief Kalle ihnen nach, „dann machen wir euch eine lange Nase!"

Auch mein Freund Burkhard wollte sich lieber auf die eigenen Beine verlassen. Widerwillig und von Kalles spöttischen Kommentaren begleitet, schloss ich mich ihm an. Als wir die Berliner Chaussee erreichten, kreuzte mein Vater unseren Weg. Nachdrücklich ermahnte er mich, schneller als sonst nach Hause zu gehen. Die Mutter sei in Eile und warte mit dem Essen. Ich solle mir ein Beispiel an den beiden Mädchen nehmen, die vor uns gingen. Mein Vater machte ein strenges Gesicht. Ich versprach mich zu beeilen, und wir verabschiedeten uns. Im nächsten Moment hörten wir Harald rufen: „He, es geht los, der Kutscher ist da! Beeilt euch, wenn ihr mitkommen wollt!"

Ich wollte sofort umkehren, aber Burkhard weigerte sich. „Wieso denn nicht, das ist doch die Gelegenheit, den Mädchen eins auszuwischen."

Doch Burkhard ließ sich nicht umstimmen, und ich rannte ohne ihn zurück. Längst hatte Harald den Kutschwagen erklommen, während Kalle mühsam über ein Wagenrad zu steigen versuchte. Ungeduldig griff der Kutscher nach der Peitsche.

„Seht zu, dass ihr reinkommt", rief er. „Ich habe keine Zeit, in zehn Sekunden geht´s los!"

Kalle keuchte, und auch ich rannte so schnell ich konnte. Hastig warf ich den Schulranzen hinauf und zog mich über die Ladewand. Als das Pferd anzog, war Kalle noch immer nicht drin. Wir packten ihn bei den Armen und hievten ihn hoch. Grinsend beobachtete uns der Kutscher. Er war mir sofort unsympathisch. Das lag nicht nur an seinem speckigen Filzhut und der schlampigen Kleidung. Dieser Mensch hatte ein unangenehmes Gesicht. Niemand hätte Auskunft geben können, in welche Richtung er eigentlich blicke, denn seine kleinen Schweinsaugen schielten ganz unberechenbar.

Der Kutscher ließ die Peitsche knallen. Wir bogen in die Berliner Chaussee ein, und das Pferd trabte eilig mit uns los.

„He, Weißkohlkopf! Schlaf nicht ein!", rief Kalle, als wir Burkhard überholten. „Zu Fuß läuft, wer ein rechter Esel ist!"

„Lass meinen Freund in Ruhe!", protestierte ich. „Spar dir deinen Spott lieber für die Mädchen auf."

Auch sie waren schon in Blickweite. Harald saß schmunzelnd in der Wagenecke, während Kalle unruhig hin und her ging, dem kleiner werdenden Burkhard noch etwas zurief, um dann die Mädchen aufs Korn zu nehmen.

„Hallo, ihr lahmen Gänse! Ihr watschelt ja, als würdet ihr erst Weihnachten zu Hause ankommen! Dabei hättet ihr so schön mitfahren können. Aber Weiber sind nun mal ein bisschen blöd."

Die Mädchen blickten angestrengt weg und kniffen die Lippen zusammen. Eben hatten wir sie triumphierend überholt, da geschah etwas völlig Unerwartetes. Der Kutschwagen verließ die Berliner Chaussee und schlug die Richtung zum Güterbahnhof ein.

„He, das ist nicht unsere Strecke!", rief Harald. „Machen Sie Halt, wir müssen absteigen!"

„Springt doch runter!", lachte der Kutscher mit klaffender Zahnlücke und schielte uns an. „Ihr seid doch tapfere Jungs."

Kurz entschlossen warf Harald seinen Schulranzen vom Wagen, kletterte über die Ladewand und sprang elegant aufs Kopfsteinpflaster hinab.

Kalle und ich waren jedoch wie gelähmt. Viel zu schnell fuhr die Kutsche, als dass wir uns getraut hätten abzuspringen. Verstört blickten wir auf den Fahrweg zurück, an der Ecke lachten und winkten die Mädchen.

„Bitte anhalten", bettelte Kalle mit weinerlicher Stimme. „Bitte, bitte anhalten - wir haben ihnen doch nichts getan."

„Ja seid ihr denn Weibsbilder?", spottete der Kutscher und lachte derb. „Springt jetzt ab, sonst gehe ich wieder auf volle Fahrt!"

Keiner von uns fasste sich ein Herz. Der Kutscher ließ die Peitsche knallen, und wir rasten fort ins Ungewisse. Kalle saß zusammengekauert in der Wagenecke und starrte wortlos vor sich hin. Wir holperten über Schienenstränge, ließen den Güterbahnhof hinter uns und gerieten auf einen langen Schotterweg. Anscheinend steuerte der Kutscher auf die Industrieanlagen zu, die am äußersten Stadtrand lagen. Als die Kutsche etwas langsamer fuhr, riskierte ich den Absprung. Das Herz rutschte mir zwar in die Hose, aber ich warf einfach den Schulranzen hinunter und musste nun nachspringen. Unten angekommen, fiel ich lang hin. Mit schmerzenden Schürfwunden an den Knien eilte ich heimwärts.

Kalle war bis zum Schluss auf dem Kutschwagen geblieben. Von einem Nachbardorf aus, weit hinter den Industrieanlagen, war er bis zum späten Nachmittag unterwegs, ehe er zu Hause ankam.

Ich weiß nicht, wie seine Eltern auf die Verspätung reagiert haben. Ich weiß nur, dass ich am Abend eine heftige Tracht Prügel bekam.

Am nächsten Schultag, die roten Striemen auf meinem Hintern hatten begonnen sich grün, gelb und violett zu verfärben, grinsten die beiden Mädchen mich an.

„War die Kutschfahrt so anstrengend, dass du heute nicht richtig auf der Schulbank sitzen kannst?" stichelte Sabine, indessen ihre Freundin Monika leise kicherte.

Und da sagte ich etwas, das ich bisher nie zu sagen mich getraut und das ich lieber den frechen Kalle hatte sagen lassen, wenn ich mich wieder einmal über die allzu braven, allzu vernünftigen Mädchen geärgert hatte.

„Ihr blöden Weiber!", rief ich laut und gehässig, dass man es über den ganzen Schulhof hören konnte, woraufhin die blonde Sabine und die mausgesichtige Monika entsetzt sich von mir abwandten.

RUDOLF AUF ABWEGEN

Frösche gehörten einst zu meinen Lieblingstieren. Sie schauten mich immer so treuherzig an mit ihren goldenen Glotzaugen, und ihre Mäuler schienen mich sogar ein wenig anzulächeln. So machte ich sie kurzerhand zu meinen Haustieren. Mein Vater sägte passgerechte Holzleisten, schnitt Glasplatten zurecht und verkittete das Ganze zu einem Terrarium. Obenauf setzte er einen hölzernen Dachstuhl, der mit einem feinmaschigen Drahtgeflecht bespannt war. An der Schmalseite befand sich eine verschließbare Luke als Einwurfstelle für Spinnen und Fliegen. Ins Terrarium stellte mein Vater ein kleines Schwimmbecken und eine Leiter für den Wetterdienst. Jetzt brauchte ich nur noch Moospolster und ein paar Pflänzchen herbeizuschaffen, und das Froschhotel konnte eröffnet werden.

Der Weg zum Anger war nicht weit. In seinen schilfumwachsenen Gewässern hausten Frösche, Unken, Molche in großer Zahl. Schon nach wenigen Minuten hatte ich zwei Wasserfrösche, eine Gelbbauch-Unke und einen sattgrünen Laubfrosch im Einmachglas. Zuhause angekommen, setzte ich sie in ihr neues Domizil.

Schnell wurde mir klar, dass die Tiere einen Mordshunger hatten. Kaum hatte ich ein Insekt durch die Dachluke geworfen, wurde es gierig weggeschnappt. Selbst Spinnentiere wie der langbeinige Weberknecht wurden im Nu verspeist. Das hatte Auswirkungen auf meinen Lebensstil. Während meine Spielkameraden auf Tretrollern umherfuhren oder kleine Lastautos mit Sand füllten, war ich auf der Jagd nach Froschfutter. Ich entwickelte eine Fangtechnik, die mir heute noch erlaubt, jedes Fliegentier, das sich in mein Wohnzimmer verirrt hat, mit einer kleinen Handbewegung zu packen. Bald ging die Anzahl der Spinnen deutlich zurück - nicht nur in unserem Keller, sondern in der gesamten Wohnsiedlung. Die Frösche fraßen und fraßen. Betrübt mußte ich zur Kenntnis nehmen, dass die kleine Gelbbauch-Unke meistens leer ausging. Ja, es sollte noch schlimmer kommen. Eines Morgens sah ich entsetzt, dass ihr der linke Arm abgebissen worden war. Schnell startete ich eine Rettungsaktion und brachte das Tier zum Schilfweiher zurück.

Die anderen drei Frösche blieben bei mir, und ich gab jedem von ihnen einen Namen. Die beiden Wasserfrösche nannte ich *Queck* und *Quack*, der Laubfrosch bekam den Namen *Rudolf*. Jetzt konnte ich jedes Tier gezielt ansprechen - konnte Queck und Quack zurechtweisen, wenn sie Fliegen weggeschnappt hatten, die eigentlich für Rudolf bestimmt waren, und konnte Rudolf ermahnen, endlich seinen Wetterfrosch-Pflichten nachzukommen.

Ich behandelte die Tiere wie ein fürsorglicher Vater. Niemals wäre mir in den Sinn gekommen, Frösche mit dem Strohhalm aufzublasen, wie böse Buben das zu tun pflegten. Als mein Vater mir erzählte, reiche Leute würden Froschschenkel als Delikatesse verspeisen, empörte sich mein Herz. Freilich, auch ich hatte Frösche zum Fressen gern, aber das waren Frösche aus der Konditorei. Süß und fruchtig schmeckten sie - diese Cremekuchenfrösche, die die Größe eines Krapfens hatten und von denen ich nur bei besonderen Anlässen einen bekam. Ihre Hülle bestand aus hellgrünem Zuckerguss, und die Augen waren weiße Eierschaumkleckse mit einem dunklen Geleeknopf in der Mitte. Besonders gelungen war das Froschmaul. Der Konditor hatte es keilförmig ins Grün des Zuckergusses geschnitten, so dass der Froschinhalt, eine rosafarbene Himbeer-Creme, verführerisch zur Geltung kam.

Freilich konnten die Konditor-Frösche mit dem satten Grün meines Laubfrosches nicht konkurrieren. Dieser war überhaupt ein besonderes Geschöpf. Im Gegensatz zu seinen beiden Mitbewohnern, die faul und gefräßig in ihren Ecken hockten, war Rudolf schlanker, schöner und beweglicher. Sein grünes Gewand war nicht mit dunklen Flecken bekleckert wie das der beiden Wasserfrösche. Es war makellos rein und leuchtete wie ein Königsgewand. Auch im Verhalten ließ Rudolf aristokratische Züge erkennen. Elegant kletterte er die Wetterleiter empor, ignorierte aber grundsätzlich die Wetterverhältnisse und setzte sich immer auf die oberste Stufe.

Eines Nachmittags, als es in Strömen regnete und die Eltern außer Haus waren, baute ich aus Teilen meines Metallbaukastens ein Karussell. Wichtigstes Element war eine durchlöcherte Metallleiste, auf deren Enden ich kleine Plattformen schraubte. Diese Leiste setzte ich auf einen fest verankerten Achsenstab. Nun brauchte ich nur noch geeignete Fahrgäste. Ich startete einen ersten Versuch, doch meine Holz-Enten vertrugen das Tempo schlecht und wurden unsanft vom Karussell geschleudert. Hier waren standfestere Fahrgäste gefragt. Oder wenigstens *ein standfester Fahrgast*. Hatte mein Laubfrosch nicht Haftscheiben an seinen Füßen? Ja, er war der ideale Fahrgast! Statt stumpfsinnig von seiner Wetterleiter herabzuglotzen, sollte er besser beim Karusselfahren sich vergnügen.

Rudolf war ein geduldiger Fahrgast. Aber er fuhr auf ungewöhnliche Weise. Mit der Nase nach vorn hatte ich ihn auf die Plattform gesetzt. Er aber drehte sich um, sobald das Karussell zu kreisen begann. Er wollte partout mit dem Rücken voran fahren, und reagierte prompt, wenn ich die Richtung änderte. Schließlich schien er meine Manöver nicht länger zu billigen: In hohem Bogen sprang er von der Plattform und verschwand unterm Küchenschrank.

„Rudolf...", rief ich, „Rudolf, komm da sofort heraus!"

Doch Rudolf blieb, wo er war. Viel zu schwer war der Küchenschrank, als dass ich ihn hätte wegrücken können. Auch war die Bodenlücke zu flach, um mit der Hand hindurch zu greifen. Mir blieb nichts anderes übrig als abzuwarten. Nach einer Viertelstunde ließ ich das Malheur auf sich beruhen. Rudolf war anscheinend im Staub erstickt.

Um Ärger zu vermeiden, verschwieg ich den Eltern, was geschehen war. Mochte Rudolf, der Laubfrosch, in Frieden ruhen.

Doch er ruhte nicht. Es war schon dunkel, und ich lag schlummernd in meinem Bett, als draußen ein kurzer spitzer Schrei zu hören war. Es war meine Mutter, die nun aufgeregt ins Schlafzimmer kam:

„Bernd! Mitten in der Küche sitzt ein Frosch. Steh sofort auf und fang ihn ein!"

Arglos und mit atmenden Flanken saß Rudolf vorm Küchenschrank. Ohne Mühe konnte ich ihn aufnehmen, fast wäre er mir auf die Hand gehüpft.

Am nächsten Morgen hockte er wieder auf seinem Adelssitz.

DIE DONNERBRÜCKE

Nicht erinnere ich mich an seinen Namen, doch der Moment bleibt mir unauslöschlich im Gedächtnis, als ihm sein Schulbrot - noch ehe er einen Bissen nehmen konnte - aus der Hand rutschte und in den Dreck fiel. Dieses Missgeschick betrübte mich. Das lag gewiss auch an der dürftigen Erscheinung dieses ärmlich gekleideten Schulkameraden. Seine Augen blickten groß durch dicke Brillengläser, und die Brillenbügel saßen schief auf kleinen abstehenden Ohren. Ich hatte prächtigere Kameraden damals; doch zu ihm, den kaum einer beachtete und der im Unterricht weder durch Intelligenz noch durch sportliche Geschicklichkeit auffiel, fühlte ich mich hingezogen.

Wieder einmal hatte ich mich für den Umweg entschieden, um den Heimweg von der Schule mit ihm gemeinsam gehen zu können. Wir waren am Ufer der Elbe entlang gelaufen, hatten Kieselsteine ins Wasser geworfen und Leuten auf Schleppdampfern zugewinkt, als meinem Kameraden einfiel, dass er dieses Butterbrot noch im Tornister habe. Ärmer als die meisten Kinder der ohnehin nicht reichen Nachkriegsgeneration, war für ihn, der allein mit seiner Mutter lebte, das Schulbrot etwas Wertvolles. Um so schmerzlicher bewegte es mich, als er die Brotscheiben vom staubigen Weg aufhob. Sie waren beim Fallen auseinander geklappt und beide Innenseiten vollständig mit Schmutz bedeckt. Zunächst lächelte mein Kamerad verlegen, dann schleuderte er, als würde ihm der Verlust überhaupt nichts ausmachen, das Brot mit Schwung ins Gebüsch. Eigentlich hätte ich mich von ihm jetzt verabschieden müssen, um pünktlich nachhause zu kommen. Mein Kamerad wohnte jenseits des Flusses. Wiederholt hatte es bei mir daheim Ärger gegeben, weil ich unterwegs so viel Zeit vertrödelte. Ich wurde ausgeschimpft und manchmal bestraft. Doch daran dachte ich jetzt nicht. Oder ich tat es nur am Rande; ich wollte, dass mein Kamerad von seinem Missgeschick abgelenkt wird.

Er besaß mehr Freiheiten als ich. Weniger behütet, waren auch die Kontrollen und Bestrafungen bei ihm nicht so scharf.

„Ich kann nach Hause kommen, wann ich will", verkündete er mir stolz, „meine Mutter kommt ohnehin erst am Abend heim."

„Bei mir ist das leider anders", erwiderte ich. „Wenn ich nicht pünktlich zum Essen heimkomme, gibt es meistens ein übles Theater. Aber egal, eine Viertelstunde bleibe ich noch. Schau dort, die flachen Kieselsteine - wie oft schaffst du es, sie übers Wasser springen zu lassen?"

Und damit begann ein Wettwerfen, bei dem mein Kamerad ein Talent zeigte, das mich erstaunen ließ. Prallten meine Steine fünf oder sechs mal von der Wasseroberfläche ab, ehe sie im Fluss versanken, warf er die Steine derart geschickt, dass sie zehn, ja zwölf Sprünge taten.

Mit klatschenden Schaufelrädern und qualmenden Schornsteinen arbeitete sich inzwischen ein Schleppdampfer stromaufwärts. Er zog einen Tross von vier Lastkähnen. Vom Deck des Schleppdampfers winkte ein junger Mann zu uns herüber, der einen Farb-Eimer trug.

Wir begannen zu fantasieren, wohin dieser Mann mit dem Eimer vielleicht reisen könnte, schwärmten von fernen Ozeanen (die keiner von uns je gesehen hatte) und zogen zuletzt die Hypothese in Betracht, der Schleppdampfer steuere tropische Palmen-Inseln an, um Farb-Eimer gegen Kokosnüsse einzutauschen

Mein Kamerad griff nach einem Stein, der die Größe einer Erwachsenenfaust hatte.

„Willst du *den* etwa übers Wasser springen lassen?", fragte ich ungläubig.

„Bleib zurück", rief er, als ich ihm unter die Brücke folgen wollte, „damit er dir nicht auf den Kopf fällt."

Nun holte er zum Schwung aus und warf den Brocken gegen das Metall des Fahrbahnrostes, so dass ein ungeheuerlicher Donnerschlag ausgelöst wurde. Ich erschrak, bekam es mit der

Angst und war doch fasziniert zugleich. Geschickt war mein Kamerad zur Seite gesprungen; er nickte triumphierend.

Was für ein Kerl das doch war - er, der in der Schule so kümmerlich wirkte und dem keiner solche Streiche zugetraut hätte. Wieder nahm er einen Stein, warf ihn gezielt gegen einen Eisenträger und entfachte ein neues Donnerwetter. Es war, als würde eine Welt explodieren - dröhnend pflanzte der Schall sich durch den Brückenbogen fort. Durfte man so etwas überhaupt tun? Konnte nicht die Brücke beschädigt werden? Oder Passanten die Polizei rufen? Wieder traf ein Stein den Stahlrost und löste ein prachtvolles Gewitter aus.

Mein Kamerad schmunzelte. „Wenn zwei werfen, wird's noch lauter. Du musst nur aufpassen, dass dir die Brocken nicht auf den Kopf fallen."

Zögernd nahm ich einen kleinen Stein und warf ihn immerhin hoch genug, dass ein schüchterner kleiner Klinglaut ertönte.

„Für den Anfang schon ganz gut", nickte mein Kamerad, „aber du musst schon ein bisschen mehr Schwung nehmen, wenn's richtig krachen soll."

Und dann schleuderte er mit einem einzigen Wurf gleich drei Steine gegen das Metall: ein Scheppern ließ die Welt erdröhnen.

Nach und nach wurde ich mutiger, und mit wachsender Begeisterung warfen wir Stein um Stein, sprangen geschickt zur Seite und genossen gleichermaßen Krach und Gefahr. Die riesige Brücke war unser Orchestrion. Wir, die schmächtigen kleinen Kerlchen, konnten sie urgewaltig zum Klingen bringen. Gott im Himmel mochte sich nicht großartiger fühlen.

Schließlich waren wir gesättigt von unserem Klangrausch. Kein Brückenpassant hatte protestiert. Der spärliche Verkehr floss wie gewohnt, unser Königreich der Detonationen blieb unangetastet. Doch jetzt musste ich mich auf den Heimweg machen. Mit Schrecken wurde mir bewusst, dass wir lange - sehr lange - unser tolles Spiel getrieben hatten. Eilig verabschiedete ich mich von meinem Kameraden und neidete ihm ein wenig die Freiheit, die es ihm erlaubte, jetzt unbesorgt nach Hause zu gehen.

Bei mir war das anders. Mit einer Stunde Verspätung kam ich zuhause an und erlebte dort ein Donnerwetter, das mindestens ebenso dramatisch war wie jenes unter der Brücke. Den Versuch einer Rechtfertigung machte ich nicht. Weder mein Mitgefühl wegen des gefallenen Schulbrotes, noch mein couragiertes Steinewerfen wären von den Eltern verstanden worden.

GEÄCHTETES KIND

Wenn ich in dem Fotoalbum blättere, das meine Eltern für mich anlegten, stoße ich immer wieder auf Bilder, die unschöne Erinnerungen wachrufen. Dazu gehört ein Klassenfoto aus dem Jahr 1955, das ein professioneller Fotograf auf dem Pausenhof der Magdeburger Friedrich-Engels-Schule anfertigte. Er hatte uns in vier Reihen aufstellen lassen, so dass wir - vierzig Grundschüler/innen der Klassen 1a und 1b - ein fotogerechtes Rechteck bildeten. Dieser Fotograf muss wohl Humor gehabt haben, denn einige Schüler, ich selbst inbegriffen, grinsen schmunzelnd in die Kamera, einer reißt sogar lachend den Mund auf. Unsere Klassenlehrerin Frau Jansch, die mit seitlich geneigtem Kopf neben uns steht, zeigt hingegen ein ausdrucksloses Gesicht. Ausdruckslos wirkt auch Ulla, die sich ein wenig hinter ihrer Nachbarin versteckt und die mich an einen peinlichen Vorfall erinnert...

Ulla hatte es von Anbeginn nicht leicht gehabt. Bevor sie am Unterricht teilnehmen konnte, mussten Läuse aus ihrem Kopfhaar entfernt werden. Das war vermutlich eine schmerzhafte Prozedur. Ich weiß nicht, ob dafür scharfe Tinkturen benutzt wurden; jedenfalls war Ullas Stirn voller Pusteln. Doch das war nicht der Grund, weshalb wir Abstand zu ihr hielten. Ulla roch nicht gut. Ihre Kleider waren schmutzig und hatten schadhafte Stellen. Niemand wollte neben ihr sitzen, und so hatte Ulla einen Zweiertisch für sich allein. Einige von uns haben sie abfällig *Dreck-Ulla* genannt. Es wurde viel geredet über sie; nur selten redete jemand mit ihr.

Frau Jansch machte mehrere Anläufe, um mit Ullas Eltern zu sprechen. Sie hatte Ulla Briefe mitgegeben und hatte Briefe per Post geschickt, von denen aber entweder keiner ankam oder deren Inhalt ignoriert wurde. Auch ein Hausbesuch war vergeblich; es wurde nicht einmal die Wohnungstür geöffnet. Immer wieder versuchte Frau Jansch Ulla behutsam anzusprechen. Doch diese machte meistens ein finsteres Gesicht und verkroch sich in trotzigem Schweigen.

Gründe gab es genug für regulierende Eingriffe. Nicht nur dass Ulla morgens zu spät zum Unterricht erschien und schriftliche Schulaufgaben nicht machte. An manchen Tagen blieb sie der Schule überhaupt fern. Und wenn sie sich eingefunden hatte, klagte sie bald über Bauchschmerzen und wollte nachhause geschickt werden.

Unsere Lehrerin war eine geduldige Person, doch wünschte sie nicht an der Nase herumgeführt zu werden. Deshalb zog sie den Schularzt zurate, der Ulla kurz untersuchte, um sie anschließend barsch zurechtzuweisen. Er war überzeugt, dass Ulla nur simuliere. Diese Diagnose beruhigte Frau Jansch - und Ulla verzichtete fortan, über ihre wirklichen, eingebildeten oder vorgetäuschten Bauchschmerzen zu klagen.

Doch machte sie mit einer anderen Forderung auf sich aufmerksam. Mitten im Unterricht hob sie schweigend die Hand.

„Wie heißen die ersten Blumen im Frühjahr?" hatte unsere Lehrerin gefragt, und alle Hände waren sofort in die Höhe geschossen. Eifrig schnipsten wir mit den Fingern, aber Frau Jansch übersah unseren Eifer. Sie war erfreut über Ullas Bereitschaft sich aktiv am Unterricht zu beteiligen:

„Na Ulla, erzähl' uns, was für Frühlingsblumen du kennst."

„Ich muss aufs Klo", erwiderte Ulla.

„Hat das nicht Zeit bis zur Pause?"

„Nein, ich muss jetzt. Ganz dringend!"

Ulla bestand auf ihrem Anliegen, und Frau Jansch erlaubte ihr den Gang zur Toilette. Eine Viertelstunde dauerte es bis Ulla zurückkam. Wenig später schrillte die Pausenglocke.

Dieser Vorgang wiederholte sich an den beiden Folgetagen. Endlich riss unserer Lehrerin der Geduldsfaden. Ärgerlich schimpfend forderte sie Ulla auf, von jetzt an die regulären Unterrichtspausen für den Toilettengang zu benutzen.

Am nächsten Tag verhielt Ulla sich zunächst unauffällig. Wie üblich ignorierte sie, was Frau Jansch an die Tafel schrieb, und malte Hundegesichter in ihr zerfleddertes Heft.

Erst gegen Mittag hob Ulla die Hand, diesmal in der Deutschstunde.

„Ich muss aufs Klo!", wimmerte sie. „Ich muss dringend aufs Klo!"

Frau Jansch bekam ein steinhartes Gesicht.

„In zehn Minuten ist Pause", sagte sie mit frostiger Stimme. „Bis dahin kannst du warten."

Ohne weiter auf Ulla zu achten, setzte Frau Jansch den Unterricht fort. Sie sprach über Eigenschaftswörter und deren Steigerungsformen. Wir bekamen Grundworte und mussten Komparative und Superlative bilden. Dabei kam es zu lustigen Verwechslungen, etwa als Monika die Steigerungsreihe *grau - grauer - am gräulichsten* vorschlug. Wir hatten Spaß beim Üben, und ehe wir uns versahen, schrillte die Pausenglocke.

Als wir uns von unseren Stühlen erhoben, bemerkten wir Ullas veränderte Sitzhaltung. Verschränkt lagen ihre Arme auf dem Tisch, und sie hatte den Kopf darauf gelegt, anscheinend um ihr Gesicht zu verbergen. Heulte sie? Oder was war mit ihr los?

„Iiiihh!", rief einer plötzlich, „Ulla hat sich bepinkelt!"

„Ja", rief ein anderer, „da ist eine Riesenpfütze unterm Tisch!"

Laut begannen die Mädchen zu kreischen: „Iiihh, so eine Schweinerei!"

„Typisch Ulla", kommentierte Robert: „dreckig, dreckiger, am dreckigsten!"

„Alte Stink-Sau!" brüllte Kalle und hielt sich die Nase zu.

Hastig fuhr unsere Lehrerin dazwischen.

„Kein Wort mehr über Ulla!" befahl sie und schob uns energisch aus dem Klassenzimmer.

KLÄNGE, FARBEN UND EIN DIEB

Wie anders hörten meine Ohren, wie anders nahmen meine Augen die Welt wahr! Donnerte ein Eisenbahnzug über die Elbbrücke; zirpten Grashüpfer auf dem Anger; schlugen in der Fabrik Metallkörper dröhnend aufeinander – immer lauschte ich ahnungsvoll in einen Raum hinaus, in dem das Faktische mit dem Fantastischen sich vermischte. Dem Kind war die Luft mit Klängen erfüllt, die irgendwoher kamen und irgendwohin zu wandern schienen. Manchmal hat das Tönen bedrohlich geklungen. Etwa wenn rollende Donner ein heranziehendes Gewitter ankündigten oder wenn dumpfe Detonationen aus dem Hinterland verrieten, dass die russischen Besatzer ihre Militärmanöver durchführten.

Ganz anders wirkten Klänge und Geräusche aus dem Garten meiner Großeltern. Hatte ich mich müde gegessen an Kirschen, Erdbeeren und anderen leckeren Früchten, legte ich mich in eine Hängematte. Hier döste ich ein wenig und lauschte dem vielstimmigen Konzert, das die Natur für mich gab. Insekten summten über mich hinweg, in der Ferne klopfte ein Specht, und überall sangen Vögel: Vom Dach der Gartenlaube flötete eine Amsel, im Kirschbaum zwitscherten Meisen und Spatzen, nahe der Gartenpforte sang ein Rotkehlchen sein klangvolles Lied. Als später im Religionsunterricht von einem künftigen Paradies geredet wurde, konnte ich es mir nicht anders vorstellen als ich es im Garten meiner Großeltern erlebt hatte.

Dieser Garten ergötzte nicht nur die Ohren, er gab auch meinen Augen Wunderbares zu schauen. Links und rechts vom Eingangstor hatten die Großeltern Blumen angepflanzt, deren Farbenpracht mich stets von neuem faszinierte. Satt leuchtete das Goldgelb der *Ringelblume*, purpurrot und rosa blühten die *Nelken*, am Drahtzaun rankte sich die orangefarbige *Kapuzinerkresse* empor, und am Boden lachten die hellblauen Äuglein der *Vergissmeinnicht*-Staude. Einen Schritt weiter wuchsen die hängenden Purpurblüten des *Tropfenden Herzens*, die lustig im Wind schaukeln konnten.

Besonders aber zogen mich dunkelblaue und violette Blüten an. Lange konnte ich vorm *Blauen Enzian* hocken oder eine *Kleine Traubenhyazinthe* betrachten, um die dunkle Intensität ihrer Farben auf mich wirken zu lassen.

Die Farben meiner Magdeburger Buntstifte waren dagegen leider etwas blass. Auch war ihre Anzahl auf sechs beschränkt, und es fehlte sowohl das Violett als auch das magische Dunkelblau. Trotzdem liebte ich es, mit diesen Stiften Fantasie-Blumen zu zeichnen.

Einmal besuchten wir für wenige Tage Onkel Kurt in Braunschweig. Hier hat mir meine Cousine Rita zwölf Farbstifte geliehen, deren Farbtöne viel leuchtender waren als die meiner eigenen Farbstifte. Das erweiterte Farbenangebot erlaubte mir dunkelblaue Hyazinthen und violette Stiefmütterchen zu zeichnen. Fast ein Dutzend Papierbögen habe ich vollgemalt. Meine Blumenschöpfungen wuchsen sich zu üppigen Zaubergärten aus, die alles in den Schatten zu stellen schienen, was die Natur im Garten meiner Großeltern zustande gebracht hatte.

Bald rückte der Tag des Abschieds heran und mit ihm der Moment, an dem ich die Farbstifte meiner Cousine zurückgeben musste.

Wieder in Magdeburg, wollte mir das Zeichnen keine rechte Freude mehr machen. Wenn die Mutter in meine Nähe kam, drehte ich den Zeichenblock um, als hätte ich etwas zu verbergen. Sie fragte mich, weshalb ich mich so seltsam benehmen würde. Ich versicherte ihr, dass alles in Ordnung sei, und legte den Zeichenblock in meine Spielkiste.

Einen Tag später saß die Mutter bei ihrem Nähkörbchen und flickte schadhafte Strümpfe. Ich stellte mich neben sie und schaute schweigend zu.

„Gibt es irgendetwas, das du mir sagen möchtest?" Meine Mutter sah mir forschend in die Augen.

„Ach ja, da ist eine kleine Sache", begann ich zögernd. „Es ist wegen Rita in Braunschweig."

„Was ist mit Rita? Willst du ihr ein Blumenbild schicken?"

„Nein, das nicht. Es ist etwas anderes. Aber Blumen spielen dabei auch eine Rolle."

„Bernd, jetzt rücke mit der Sprache heraus! Hast du irgendetwas angestellt?"

„Nein...doch...nicht richtig", stammelte ich. „Also es war so: Ich habe der Rita nur elf Farbstifte zurückgegeben, den zwölften habe ich behalten."

Ich zeigte meiner Mutter den violetten Stift.

Erschrocken schaute sie mich an: „Hat Rita dir den Stift geschenkt, oder hast du ihn gestohlen?"

„Ach, Rita hätte ihn mir sicher geschenkt. Ich hätte sie nur fragen brauchen."

„Und warum hast du sie nicht gefragt?"

„Ich habe mich nicht getraut."

„Aber Rita zu bestehlen – das hast du dich getraut."

Meine Mutter legte ihre Näharbeit beiseite.

Dieser Moment hat einen tiefen Eindruck bei mir hinterlassen. Mutter schimpfte nicht; auch schlug sie mich nicht, wie sie es sonst gelegentlich tat. Sie sagte nur: „Du hast etwas Böses getan." Und dann wurde ihr Gesicht sehr traurig.

Dieses Gesicht meiner Mutter, in dem ihre große Bestürzung zum Ausdruck kam, hat stärker auf mich gewirkt als alle Moralpredigten oder Stockschläge je hätten wirken können.

Jemanden zu bestehlen war mir von nun an unmöglich.

Nur die Äpfel von fremden Apfelbäumen - aber die wuchsen ja im Garten Gottes, und der war für alle da...

FLUCHT IN DEN FREIEN WESTEN

Lange hatten die Eltern es vor mir geheim gehalten. Erst als mein Vater von seinem Verwandtenbesuch nicht zurückkehrte, weihte die Mutter mich ein: Er hätte in Nürnberg eine Arbeitsstelle bekommen, und in Kürze würden auch wir die DDR verlassen.

Eine Woche später - im Januar 1956 - war es soweit. Mein Patenonkel und seine Ehefrau brachten uns unter dem Vorwand, es sei nur eine Einkaufsfahrt, mit dem PKW von Magdeburg nach Westberlin. Trotz winterlicher Kälte saßen meine Mutter und ich schwitzend im Auto. Abgesehen von der geplanten Republikflucht gab es einen zweiten Grund für unsere Hitzewallungen: Wir steckten in dicken Kleider-Kokons. Ich selber war eingehüllt in zwei Garnituren Unterwäsche, zwei langen Hosen, zwei Hemden, einen Pullover und einen schweren Wintermantel. Ähnlich üppig eingekleidet war meine Mutter. Wir benötigten ja ausreichend Wäsche für die Zeit im Westberliner Flüchtlingslager. Und wir hätten keinen Koffer mitnehmen können, ohne bei der Grenzpolizei Verdacht zu erregen.

Als wir unsere Heimatstadt verließen, warf ich einen letzten wehmütigen Blick auf die Elbe und den Magdeburger Dom. Diese wohlvertraute Welt würde bald in unerreichbarer Ferne sein. Auch im Garten meiner Großeltern würde ich nicht mehr spielen können - diesem Obstparadies mit der geliebten Luftschaukel vor der Gartenlaube. Und Omas leckerer Kirschkuchen würde ebenfalls außer Reichweite sein. Ach ja, und dann mein Freund Burkhard, mit dem ich so schöne Jahre verbracht hatte: auch von ihm musste ich mich trennen. Das musste sogar ohne Abschied geschehen, weil die verbotene Ausreise sonst hätte verraten werden können. Das einzige, was ich gerne hinter mir ließ, war die Schule, diesen hässlichen roten Backsteinbau mit seinen finsteren Klassenzimmern. Anderthalb Jahre hatte ich darin zugebracht. In Nürnberg würden die Schulen gewiss heller und freundlicher sein. Zudem würde dort Rede- und Meinungsfreiheit herrschen, wie mein

Patenonkel mir versicherte: Sogar den Bundeskanzler dürfe man dort kritisieren oder - wenn einem danach zumute sei - ihn einen blöden Affen nennen.

Ich hatte keine klaren Vorstellungen, was uns in der Bundesrepublik erwarten würde. Es hieß, man könne dort wunderschöne Dinge kaufen, ohne sich in lange Warteschlangen einreihen zu müssen. Es gab exotische Früchte wie die saftige Ananas, die ich bei Onkel Kurt in Braunschweig gekostet hatte. Und es gab die lustigen Micky-Maus-Hefte mit Bildergeschichten von Micky, Goofy und dem unverwüstlichen Donald Duck. Zufällig hatte ich ein Exemplar in Onkel Kurts Zeitungsständer entdeckt und war sofort begeistert. Er hätte es mir gerne geschenkt, aber ich sollte es am Ende doch nicht mitnehmen, weil es bei der Grenzkontrolle vermutlich eingezogen worden wäre.

Wir fuhren also nicht nur nach Westberlin und nach Westdeutschland. Wir fuhren auch nach Entenhausen, wo Donald Duck und der reiche Onkel Dagobert sich herumtrieben. Mutters Versprechen, in Nürnberg würde ich jede Woche die neueste Micky-Maus-Ausgabe bekommen, war das stärkste Gegengewicht auf meiner Verlustwaage mit all den Magdeburger Schätzen, auf die ich fortan verzichten musste.

Als wir Ostberlin erreichten, herrschte beklemmende Stille im Auto. In wenigen Minuten würden wir an der Sektorengrenze sein. Mein Patenonkel schärfte mir ein, während der Grenzkontrolle nicht zu sprechen. Erst nach unsrer Ankunft in Westberlin könne ich den Mund wieder aufmachen. Ich blickte meine Mutter an und griff nach ihrer Hand. Wir wussten, wie riskant die Flucht aus der DDR war und, dass Onkel Kriese für seine Fluchthilfe ins Gefängnis kommen konnte. Dieser schien jedoch die Ruhe selbst zu sein. Hin und wieder warf er einen Blick in den Rückspiegel, um zu sehen, in welcher Verfassung wir waren.

Zwei uniformierte Grenzpolizisten traten an unser Auto heran. Mein Patenonkel kurbelte das Fenster herunter und reichte die Ausweispapiere. Einer der Polizisten fragte nach dem Zweck unserer Fahrt. Als mein Onkel erwiderte, dass wir nur etwas einkaufen wollten und in wenigen Stunden zurück sein würden, ließ man uns passieren.

Wir hatten es geschafft - wir waren im freien Westen angekommen! Die Anspannung wich aus unseren Gesichtern. Meine Mutter drückte mich liebevoll an sich, nannte meinen Patenonkel einen wahren Helden und hatte Freudentränen in den Augen.

„Danke, danke, Onkel Kriese", plapperte ich laut und begeistert, „du bist ganz große Klasse. Jetzt kann ich jeden, den ich will, einen blöden Affen nennen, ohne dafür ins Gefängnis zu müssen."

Wenig später wurden wir vorm Notaufnahmelager Marienfelde abgesetzt. Zu meiner Verblüffung öffnete die Mutter meinen Wintermantel, riss eine Naht der Innenfütterung auf und entnahm daraus ein Bündel Geldscheine. Das Geldbündel gab sie meinem Patenonkel, der aber nur einen Teil davon annahm. Den Rest sollten wir für uns behalten.

Der Vorplatz des Notaufnahmelagers war mit Menschen gefüllt, die ebenfalls Neuankömmlinge waren. In den nächsten Tagen sollten wir noch häufig in Warteschlangen stehen. Diverse Dienststellen mussten aufgesucht werden; meine Mutter hatte Formulare auszufüllen, und ihr wurden Fragen über Fragen gestellt. Noch am Tag der Ankunft überprüfte ein Arzt unsere Gesundheit, dann schickte man uns zu einer Fürsorge-Stelle, wo wir Bettwäsche und andere nützliche Dinge ausgehändigt bekamen.

Die ersten Nächte verbrachten wir in einem dicht belegten Saal. Hier standen zahlreiche Etagenbetten mit harten Matratzen, aus denen nicht selten Stroh herabrieselte. Früh am Morgen kam reges Leben im Schlafsaal auf. Jeder beeilte sich in den Waschraum zu gelangen. In einem großen hellen Speisesaal nahmen wir dann das Morgenfrühstück ein.

Täglich musste meine Mutter irgendwelche Antragsstellen aufsuchen. Zum Glück blieb mir das Warten in langen Menschenschlangen bald erspart. Trotz meiner stolzen acht Jahre konnte ich in einer Kindertagesstätte untergebracht werden.

Am zweiten Abend verließen wir das Lagergelände, um ein paar Einkäufe zu machen. Schon am ersten Zeitungskiosk entdeckte ich das Micky-Maus-Heft. Doch meine Mutter lehnte ab - das sei noch nicht an der Reihe, wir benötigten Geld für andere Dinge. Die Micky-Maus müsse warten, bis wir in Nürnberg sind.

„Aber sie kostet doch nur eine Mark zwanzig!", protestierte ich. „Im Lager ist es so langweilig."

Meine Mutter lenkte ein. Doch statt der ersehnten Micky-Maus kaufte sie mir ein dünnes Comic-Heft, das nur dreißig Pfennige kostete.

Diesem Heft stand ein schlimmes Schicksal bevor. Als wir am Folgetag unsere Sachen holen wollten, um in eine andere Unterkunft umzuziehen, war es spurlos verschwunden. Ich durchwühlte die Wäsche, ich schaute unters Bett, und machte zuletzt eine empörende Entdeckung. Irgendein gewissenloser Mensch hatte mein schönes Heft über seinem Schlafplatz zwischen Strohmatratze und Federrost geklemmt, um eine schadhafte Rieselstelle abzudichten.

Von diesem Tag an war mir das Flüchtlingslager verhasst. Ungeduldig erwartete ich die Abreise. Auch meine Mutter ersehnte seufzend den Tag, an dem wir Westberlin verlassen könnten. Schließlich kam der erlösende Bescheid: Wir wurden vor einen Aufnahmeausschuss geladen, wo man uns die Übersiedlung nach Westdeutschland genehmigte.

Am nächsten Tag brachte uns ein Bus zum Flugplatz Tempelhof. Hier beeindruckten mich gigantische Passagierflugzeuge - viermotorige Propellermaschinen, wie ich sie noch nie zuvor gesehen hatte.

Eine Stunde später schwebten wir über den Wolken.

Als wir die Vorhalle des Nürnberger Flughafens betraten, winkte schon von fern mein Vater. Kurz darauf hielt ich die neueste Micky-Maus-Ausgabe mit den begehrten Donald-Duck-Geschichten in meinen Händen - *und war nun auch in Entenhausen angekommen.*

GLÜCK AM HORIZONT

Dass ich die glänzende Blecheisenbahn niemals bekommen habe, die ich am Schaufenster eines Magdeburger Spielwarengeschäftes bewunderte, hat mich wahrscheinlich vor einer Enttäuschung bewahrt. Freilich, nicht aus diesem Grund haben die Eltern mein Bitten und Flehen nicht erhört. In den Nachkriegsjahren war einfach nicht genügend Geld im Haus für kostspielige Geschenke. Daher wurde ich, wenn das Weihnachtsfest nahte, stets auf einen späteren Zeitpunkt vertröstet. So ging ich häufig zum Spielzeugladen und starrte sehnsüchtig ins Auslagenfenster, wo auf silbernem Schienenkreis die begehrte Blechlokomotive mit den farbigen Güterwagen stand. Diese Lok fuhr und ihr Federwerk funktionierte. Sie war nicht heillos defekt wie die abgeschabte Zugmaschine aus der Kindheit meines Vaters, mit der ich auf dem Wohnzimmerteppich meiner Großeltern spielte. Musste dieses alte, verbeulte Gefährt doch mühsam geschoben werden, es knarrte und schrappte unwillig dabei. Wie herrlich wäre es gewesen, zur vorhandenen Eisenbahnanlage mit Bahnhof, Schranken und Wärterhäuschen eine selbstfahrende neue Lokomotive zu besitzen. Hätte ich mir überhaupt etwas Schöneres wünschen können?

Jahre später, die Schaufenstereisenbahn war längst aus meinem Horizont entschwunden, kam die Zeit der Wunscherfüllung. Wir wechselten den Wohnsitz von Ost- nach Westdeutschland. Und hier gab es viele verlockende Dinge, die man kaufen konnte. Auch wurden die Eltern etwas wohlhabender, weshalb sie - das war ein großes Ereignis - sich einen Plattenspieler und einige Schallplatten leisten konnten. Abends oder an den Wochenenden saßen wir zusammen im Wohnzimmer und lauschten den endlos wiederholten Gerd-Wendland- und Vico-Torriani-Schnulzen. Meine Favoriten waren das freilich nicht. Ich hatte am Radio eine ganz andere und, wie ich meinte, tausendmal bessere Musik kennen gelernt.

Warum strahlen heut Nacht die Sterne so hell: Dieser Blues-Foxtrott, gesungen von den Monte Carlos - das war der Titel, den ich mir als Schallplatte wünschte. Und ich entdeckte diese Platte, sah sie zwischen anderen Platten im Musikladen liegen. Sogleich bedrängte ich meine Eltern; ich schwärmte, jammerte und bettelte, als würden sie mir mit diesem Titel die ganze Pracht des Sternenhimmels schenken können. Nur diese eine Platte wollte ich haben, nur sie - dann würde ich glücklich und zufrieden sein...

Als ich die Schallplatte dann wirklich gekauft bekam, fühlte sich die Erfüllung seltsam ernüchternd an. Es war ein unerwarteter Absturz, der mich verwirrte und betrübte. Eigentlich hätte ich mich riesig freuen müssen. Aber der Wunsch und die Sehnsucht, welche diese Schlagerplatte wie ein Gestirn am Himmel hatten leuchten lassen, waren plötzlich verschwunden. Verwundert trug ich mein neues Eigentum nach Hause, lugte unterwegs immer wieder in die Papiertasche und konnte nicht begreifen, wieso die Schallplatte so viel von ihrer Faszinationskraft eingebüßt hatte. Auch am Plattenspieler sollten die Sterne nie wieder so hell strahlen, wie mein Wunsch und der Plattentitel es mir verheißen hatten.

Die Blecheisenbahn, die ich nie bekam, hat mir das Glück treuer bewahrt.

DER BANGE WEIHNACHTSABEND

Ein bisschen war es für mich, den zehnjährigen Knaben, wie eine Mutprobe gewesen. Nachdem ich diese bestanden hatte, fühlte ich mich jedoch scheußlich elend. Am liebsten hätte ich den ganzen Vorfall aus meinem Gedächtnis gelöscht. Aber was geschehen war, das war nicht mehr rückgängig zu machen.

Was war passiert? Um meine Neugier zu stillen, hatte ich - zwei Wochen vor Weihnachten - heimlich den Küchenstuhl ins Schlafzimmer gebracht und war darauf gestiegen, um einen vielversprechenden Karton vom Kleiderschrank zu nehmen. Das tat ich hektisch und mit klopfendem Herzen. Obwohl meine Eltern erst am Abend heimkehren wollten und es noch früh am Nachmittag war, fürchtete ich, auf frischer Tat ertappt zu werden. Schnell entfernte ich das Papier. Dann zögerte ich, wollte den Karton wieder einwickeln und ihn auf den Schrank zurückstellen.

„Du Feigling!", rief es da in mir. „Willst du denn in alle Ewigkeit das brave, folgsame Muttersöhnchen bleiben, das nie etwas Verbotenes tut? Denk doch mal an deinen Mitschüler Herbert, der seiner Mutter sogar Geld aus dem Portemonnaie geklaut hat! Und du wagst nicht einmal nachzusehen, was für ein Weihnachtsgeschenk du bekommen sollst? Gerade *weil* deine Eltern dir eingeschärft haben, vom Schlafzimmerschrank fern zu bleiben, solltest du dir jetzt mutig ein Herz fassen."

Ich konnte nicht widerstehen und öffnete den Karton. Was darin enthalten war, verschlug mir den Atem. Es war ein Geschenk, an das ich nicht einmal im Traum gedacht hatte: ein Heimkino-Filmprojektor mit zwei 16mm-Filmen. Hastig las ich die Etiketten auf den Filmschachteln. Ein Titel lautete: *Akrobat Schön*, der andere Titel: *Das lustige Autorennen*. Schnell packte ich alles wieder in den Karton, schlug eilig das Papier herum und stellte ihn mit ängstlicher Sorgfalt auf den Schlafzimmerschrank zurück.

So überrascht ich war über meine Entdeckung, es konnte keine Freude in mir aufkommen. Stattdessen hatte ich ein ganz flaues Gefühl im Bauch. Auch fürchtete ich, irgendwelche Spuren hinterlassen zu haben, die meine Eltern argwöhnisch machen könnten. Würden sie nicht auch an meinem Gesicht ablesen können, dass irgendetwas nicht stimmte? Und wie erst würde das am Heiligen Abend werden, wenn ich ins Wohnzimmer trete und der Filmprojektor unterm Weihnachtsbaum steht?

Die beiden Wochen bis zur Bescherung zogen sich hin. Ich kratzte mein Taschengeld zusammen und kaufte teure Geschenke - meiner Mutter ein Fläschchen Kölnisch Wasser und meinem Vater einen gläsernen Aschenbecher. Trotzdem fühlte ich mich nicht besser. Immer wieder glaubte ich den Blicken der Eltern entnehmen zu können, dass sie längst Bescheid wussten über meinen Ungehorsam. Ja - sie sagten nur nichts; sie schwiegen, um mich auf die Folter zu spannen! Wahrscheinlich hatten sie längst bemerkt, dass der Karton von mir geöffnet worden war. Und jetzt warteten sie, dass ich ihnen dies beichten würde. Es war die Hölle für mich. Und es wurde immer schlimmer, je näher das Weihnachtsfest rückte.

Als dann hinter verschlossener Wohnzimmertür endlich die Geschenke aufgebaut wurden, klopfte mir das Herz, als würde ich gleich in einen Abgrund springen müssen. Ich verfluchte meine Neugier und ich verfluchte den Tag, an dem ich den Karton geöffnet hatte. Wie sollte ich meinen Eltern jetzt vor die Augen treten? Musste ich sie nicht frech belügen und so tun, als sei ich freudig überrascht über das Geschenk, während ich in Wahrheit nur Angst und Reue empfand? Und wenn sie bislang nichts gemerkt hatten - würden sie mich jetzt nicht doch noch entlarven, weil mir die Lüge so überdeutlich im Gesicht stand. Ach, und dies alles am Heiligen Abend, an dem wir besonders nett zueinander sein sollten.

Am liebsten wäre ich aus der Wohnung gerannt und in der Dunkelheit verschwunden. Doch begann im Wohnzimmer schon das Radio zu spielen. Ins gesungene *O du Fröhliche* klangen die Weihnachtsglocken hinein. Mir war, als läuteten sie mir zum Jüngsten Gericht. Die Tür ging auf, und ich sah am festlich geschmückten Baum die Kerzen flackern. Es roch nach Fichtenharz und Lebkuchen. Zögernd trat ich ein, sah den Projektor seitlich auf einer Konsole stehen, tat aber so, als hätte ich ihn noch nicht entdeckt. Stattdessen bewunderte ich den Baum und das, was darunter lag: Pappteller mit Süßigkeiten, ein Buch über Wildtiere, ein blauer Pullover. Gleich würde ich mich umdrehen, den Filmprojektor entdecken und meine grenzenlos freudige Überraschung inszenieren müssen. Noch hielt ich das Buch in den Händen, blätterte entzückt die Seiten und tat so, als sei ich vollauf zufrieden gestellt. Plötzlich blieb mein Blick an der Konsole hängen, und ich stieß einen übertrieben lauten Überraschungsschrei aus. Mein Herz klopfte jetzt wirklich sehr heftig, aber nicht aus Freude über das großartige Geschenk, sondern aus Angst und Scham ob meiner elenden Heuchelei. Ich fiel meiner Mutter und ich fiel meinem Vater um den Hals, was ich gerne tat, weil ich ihnen dabei nicht in die Augen blicken musste. Dann holte ich ihre Geschenke. Meiner Mutter überreichte ich die Parfümflasche und meinem Vater den gläsernen Aschenbecher. Als beide mich in ihre Arme schlossen und liebevoll an sich drückten, wurden mir die Augen feucht. Ein irres Glücksgefühl überkam mich. Ich freute mich über die Freude meiner Eltern und freute mich, dass diese meine Freude nun echt war. Der Bann war gebrochen: Ich war erlöst und wie aus einem bösen Traum erwacht.

Die Wohnzimmerwand wurde freigemacht und der Filmprojektor aufgestellt. Mein Vater legte den ersten Film ein. Ich selber hatte die Handkurbel zu drehen. An der Wand begann ein Zeichentrickfilm zu flimmern. Wir sahen lustige Tiere, die ein Autorennen veranstalteten. Zahlreiche Tücken mussten bewältigt werden, und es kam ständig zu ruinösen Autopannen, bis das Siegergespann - zwei Affen mit einer Schubkarre - ins Ziel einlief. Dieser Zeichentrickfilm dauerte keine fünf Minuten. Doch der zweite Film, ein echter Film aus dem Zirkus, war mehr als doppelt so lang. Ich kurbelte bald schneller, bald langsamer, und konnte den Zirkusclown Charly Rivel in unterschiedlichen Geschwindigkeiten umherhopsen lassen. Seine Späße als *Akrobat Schön* brachten uns laut zum Lachen. In vollen Zügen genoss ich in die Filmvorführung. Und mein Lachen war echt. Hatte doch der unselige Blick in den Weihnachtskarton den Filmablauf mir nicht enthüllen können.

IMPRESSIONEN AUS MEINER SCHULZEIT IN BRACKWEDE

Wenn ich an die Brocker Hauptschule zurückdenke, fallen mir Situationen ein, in denen ich mehr oder weniger grandios, mehr oder weniger kläglich dastand oder auch dalag.

Deutlich erinnere ich mich an die Ringkämpfe mit meinem Mitschüler Hermann, unserem gefürchteten Raufbold. Tückisch stellte ich ihm ein Bein, er fiel rücklings zu Boden und ich konnte triumphierend auf seinen Oberarmmuskeln reiten, von anderen Schülern grölend umringt. Durch solche Siege ermutigt, habe ich bald den Schul-Hausmeister zum Ringkampf herausgefordert. Auch er wurde durch mein tückisches Bein besiegt. Soviel zu meiner Grandiosität.

Weniger grandios waren meine Leistungen beim Fußballspiel. Nicht ohne Grund nannte man mich *alte Flasche*. Während andere Spieler geschickt den Ball ins Tor des Gegners beförderten, habe ich Grasballen in die Luft geschossen oder Mitspieler durch ungewollte Tritte malträtiert. Unser Sport-Primus, der Torjäger Harald, hat sich verzweifelt an den Kopf gefasst, wenn ich wieder einmal den Ball verstolperte, ihn der gegnerischen Mannschaft vor die Füße schob oder gar versehentlich ein Eigentor schoss. Je toller ich mich anstrengte, desto haarsträubender wurden meine Fehlleistungen. Soviel zu meiner Kläglichkeit.

Die Schulfächer Rechnen, Erdkunde und Geschichte waren mir eher lästig. Mit freudiger Erwartung ging ich jedoch in die Musikstunde. Wer im Schulorchester mitspielte, durfte gelegentlich Vorrechte in Anspruch nehmen. Herr Kunz gab uns Sondertermine, und wir probten Stücke für öffentliche Aufführungen, während der Rest der Klasse sich mit langweiligen Schulstoffen herumplagen musste. Die klangliche Grundlage unseres Orchesters bildeten Streichinstrumente aus der Gambenfamilie. Hinzu kamen Sopran- und Alt-Blockflöten, Akkordeons und Xylophone. Ich habe zeitweise auf der Bass-Gambe herumgefiedelt, bevorzugte aber die Sopranblockflöte. Noch heute erinnere ich mich an unser Musikrepertoire. Es bestand nicht nur aus Volksliedern (*Wenn die bunten Fahnen wehen, Alle Vögel sind schon da, Ein Jäger aus Kurpfalz*). Auch waren Stücke darunter, die mich zum ersten Mal mit klassischer Musik in Berührung brachten. Wir spielten ein *Sanctus* von Schubert, spielten Beethovens *Die Himmel rühmen*, das Allegretto-Thema aus seiner *Siebenten Sinfonie* und die Freuden-Melodie aus der *Neunten*. Unser größter Renner war Leopold Mozarts *Kindersinfonie*. Um das spieltechnisch nicht ganz einfache Werk für eine öffentliche Feier vorzubereiten, wurden wir vom Unterricht befreit und durften eine Woche lang im Landschulheim Hillentrup proben. In Begleitung zweier Altflötistinnen hatte ich eine Art Solo auf meiner Sopranblockflöte zu blasen - ein mehrfach wiederholtes Drei-Töne-Signal, das mich mit dem stolzen Bewusstsein erfüllte, bei der Aufführung unentbehrlich zu sein.

Wir liebten das Landschulheim Hillentrup. Zweimal ist die komplette Klasse dorthin gefahren. Wenn wir morgens den Speisesaal betraten, duftete es nach Pfefferminztee und Muckefuck-Kaffee. Auf den Tischen erwarteten uns frische Brötchen, Marmelade und Rübenkraut-Sirup - eine Spezialität, die ich besonders mochte. Nach dem Frühstück stand oft eine naturkundliche Wanderung auf dem Programm, gelegentlich auch eine Schnitzeljagd im Wald. Zu den Höhepunkten unseres Aufenthaltes zählten die Heimabende, wenn der *Plumpsack* umging oder eine *Reise nach Jerusalem* anstand. Unser Klassenlehrer Herr Kunz begleitete die Spielaktionen auf seinem Akkordeon. Sobald er das Musikstück unterbrach, jagten wir auf die Stühle zu. Dabei kam es zu aufregenden Begegnungen, besonders zwischen Jungen und Mädchen. Wie klopfte mir das Herz, wenn ich beim Tanzspiel die Hand der schönen Elke fasste! Ich muss wohl ziemlich verliebt gewesen sein damals.

Herr Kunz verfügte über einen umwerfenden Humor und konnte unsere Lachmuskeln mit Witzen, Sketchen oder schrägen Kommentaren strapazieren. Gelegentlich konnte er aber auch ausrasten. Einmal bin ich das Opfer eines solchen Ausrasters geworden. Es geschah während der mittäglichen Ruhezeit.

Wie kam es dazu? Eigentlich sollte es eine Überraschung für den Heimabend werden. Ich hatte die lustige Idee mich als Frauenzimmer zu verkleiden. Deshalb verabredete ich mit einigen Mädchen und der Frau unseres Klassenlehrers eine heimliche Kleiderprobe. Eigentlich war uns Jungen streng verboten, den Mädchentrakt zu betreten. Jedenfalls hatte Herr Kunz uns das immer wieder eingeschärft. Aber ich hatte mir ja das Einverständnis seiner Ehefrau geholt. Sie sollte ihm freilich nichts von unserem Vorhaben verraten. Die ganze Angelegenheit sollte ja eine Überraschung für den Heimabend werden. Nun, eine Überraschung sollte sich ereignen, aber leider vorzeitig und in Gestalt einer lautstarken Katastrophe. Ich war soeben in ein Mädchenkleid geschlüpft, als die Tür aufging und Herr Kunz hereinplatzte. Es war unmöglich, ihn über unser Vorhaben aufzuklären. Er fluchte wie ein Besessener und trieb mich wutschnaubend in den Jungentrakt zurück. Ich muss wohl eine tragisch-komische Figur abgegeben haben bei meiner hastigen Flucht im halb geöffneten Mädchenkleid.

Abends, bevor das Licht ausgemacht wurde, kam Herr Kunz in die Schlafsäle und erzählte haarsträubende Gespenstergeschichten. Nachdem er uns eine *gute Nacht* gewünscht hatte, dauerte es geraume Zeit, bis wir zur Ruhe kamen. Mit gedämpfter Stimme wurden Witze und Schwänke erzählt. Wurde das Gelächter in den dunklen Schlafsälen gar zu laut, konnte man draußen im Flur einen Gorilla brüllen hören.

Der Brackweder Schulalltag war weniger aufregend, wenn auch nicht frei von unfreiwilliger Komik. Auf dem Schulhof ging es zeitweise wie auf einem Kasernenhof zu. Bevor wir das Gebäude betreten durften, mussten wir uns in Blöcken aufstellen, Klasse für Klasse, und hatten mucksmäuschenstill zu sein. Keiner durfte auch nur eine Fußlänge aus der Reihe tanzen. Unsere schrullige Rektorin Frau Bünting kontrollierte alles mit strengem Blick. Sie verfügte über einen durchdringend schrillen Befehlston. Wenn irgendwo ein Flüstern sich erhob, hat sie sofort „Schnabel halten!" gerufen.

Der Religionsunterricht bei Frau Winschermann war keine Offenbarung. Wer beim morgendlichen Gebet durch Unaufmerksamkeit auffiel, wurde höllisch angezischt. Die

Geschichten der Bibel hatten freilich keine Chance, mit unseren Sigurd-, Tarzan- und Silberpfeil-Comics zu konkurrieren. Wir lasen sie unter der Tischplatte. Mir hat Frau Winschermann empört ein Buch über Düsenflugzeuge abgenommen und es ins Lehrerpult eingeschlossen. Drei Tage später - als ich so tat, als würde ich bereuen - hat sie es mir zurückgegeben.

Es gab vieles, das uns mehr fesselte als der übliche Unterricht. Dazu gehörten die genannten Comic-Hefte. Alle Lehrer versuchten uns einzureden, dass ein verderblicher Einfluss von ihnen ausginge. Die Sprechblasen-Sprache sei primitiv und die Bilder würden unsere Vorstellungskraft verkümmern lassen. Ich habe diese Einwände nie ernst nehmen können. Wenn ich ein Heft von *Nick, der Weltraumfahrer* las, war ich ganz bei der Sache und meine Fantasie blühte üppig auf. Gern nahm ich jede Gelegenheit wahr, wenn unser Comic-Experte Peter alte Nick-Hefte zum Tausch anbot.

Mit gleicher Begeisterung las ich Sachbücher zu den Themen Astronomie und Raumfahrt. Natürlich behielt ich das angelesene Wissen nicht für mich. Mit einer Mischung aus Spott und Bewunderung haben einige Mitschüler mich deshalb *Professor* genannt.

Interessanter als die meisten Unterrichtsinhalte waren auch die Inhalte von Wundertüten, die man am Kiosk kaufen konnte. In ihnen steckten Bilder prominenter Fußballspieler oder Bilder, auf denen Eisenbahnen, Schiffe, Flugzeuge und Automobile abgebildet waren. Um mir möglichst viele dieser Wundertüten kaufen zu können, habe ich - für ein paar Mark pro Stunde - beim Bauern Kartoffeln vom Acker aufgesammelt. Freilich konnte man nie wissen, welche Bilder in den Tüten steckten, so dass wir manche Bilder bald in doppelter oder dreifacher Ausführung besaßen. In der Schule kam es dann zu lebhaften Tauschaktionen, die unsere Aufmerksamkeit mehr als alles andere in Anspruch nahmen.

Eines Tages geschah etwas Ungewöhnliches im Geschichtsunterricht. Der unsrer Klasse neu zugeteilte Herr Brettschöner hatte sein privates Tonbandgerät mitgebracht. Die Musik, die aus dem dröhnenden Kasten kam, sollte gegensätzliche

Reaktionen bei uns auslösen. Für mich war es eine Art Offenbarung, für andere - und das waren die meisten - eher eine Zumutung. Wir bekamen Beispiele klassischer Musik zu hören. Zunächst hörten wir Teile aus einer Haydn-Sinfonie. Im Klassenzimmer Gekicher, feixende Gesichter oder gähnende Langeweile. Dann folgte ein Violinkonzert von Mozart, das mich aufhorchen ließ. Am meisten aber beeindruckte mich die *Eroica-Sinfonie* von Beethoven. Diese Musik packte mich so sehr, dass ich von da an ein Klassik-Fan wurde und es bis heute geblieben bin.

Herr Brettschöner war klein und bucklig. Er hatte seine Launen und konnte manchmal unausstehlich werden, weshalb wir ihn heimlich Giftzwerg nannten. Beliebter war der Unterricht bei Herrn Kunz, zumal dieser oft Filme zeigte. Deutlich erinnere ich mich an das kreisrunde FWU-Zeichen mit hellen Buchstaben auf schwarzem Grund. Es erschien im Vorspann und tauchte am Schluss des Filmes wieder auf. Ich und zwei Mitschüler waren geprüfte Film-Einfädler. Heutigen Schülern dürfte es kaum glaubhaft erscheinen, mit welcher Begeisterung wir damals losjubelten, wenn eine Filmvorführung angekündigt wurde. Zumal es in der Regel langweilige Schwarz-Weiß-Stummfilme waren, die Tiere in freier Natur oder technische Arbeitsabläufe zeigten. Selten wurde ein Tonfilm gezeigt, was wir dann freilich als kleine Sensation empfanden.

Blicke ich auf die Schulzeit in Brackwede zurück, so weckt dies gemischte Gefühle. Einige Kameraden, deren Schulleistungen eher dürftig waren, sind erst im Beruf richtig aufgeblüht und haben erstaunliche Karrieren gemacht. Was mich selbst betrifft, so konnten meine guten Abschlussnoten nicht verhindern, dass ich mich als Lehrling ziemlich dusselig angestellt habe. Auch waren drei Anläufe nötig, ehe ich den richtigen Beruf für mich fand.

Spaß haben wir aber jede Menge gehabt. Juckpulver, Knallfrösche und Stinkbomben lockerten den Unterrichtsalltag auf. Auf dem Schulhof gab es aufregende Pausenspiele. Favorit war das sogenannte Pinkern, ein Spiel mit Geldmünzen, die man möglichst dicht vor eine Wand werfen musste. Einige von uns sind dabei richtig reich geworden, denn der Gewinner durfte alle Münzen behalten.

Tierisches Vergnügen bereiteten uns geflügelte Worte, die überall umgingen und die kein Lehrer hören durfte. Darunter waren echte Klassiker wie: *Goethe sprach zu Schiller, mein Arsch ist keine Triller,* oder: *Schiller sprach zu Goethe, mein Arsch ist keine Flöte.*[1]

---

1) Obige Schulerinnerungen schrieb ich für ein Klassentreffen, fünfzig Jahre nach unserem Schulabgang. Anlässlich dieser Feier habe ich - durch jene Klassikerverse inspiriert - eine Neudichtung gewagt, die ich aus Pietätsgründen hier nur als Fußnote abdrucken lasse:

Goethe sprach zu Schillern:
Komm lass uns einen pillern.
Doch der Schiller fordert Goethe:
Ha, dass ich dich überböte;
Einen Lorbeerkranz gebührt,
Wer seinen Strahl am höchsten führt.
Der Goethe sich nicht lang besann
Und pillerte den Schiller an.

DER WILDE SÄGER

Als ich noch ein Schulbub war, haben Eltern, besonders aber Großeltern, gerne weise Sprichwörter zitiert, um uns Sprösslinge zur Vernunft zu bringen. Sie taten das in der wohlmeinenden Absicht, anständige Menschen aus uns zu machen. Wir Lausbuben, die diese Sprichwörter immer wieder zu hören bekamen, haben aber nur genervt die Augen verdreht oder Faxen gemacht hinter Omas oder Opas Rücken.

Der Krug geht solange zum Brunnen, bis er bricht, war so eine lästige Sprichwort-Ermahnung, oder: *Lügen haben kurze Beine.*

Der pädagogische Erfolg derartiger Aussprüche war gelinde gesagt unerheblich. Wir Schulknaben waren viel zu sehr ins Leben und in unsere Streiche verliebt, als dass wir irgendeinen Nutzen aus solchen abgestandenen Spruchweisheiten hätten ziehen mögen.

Wer nicht hören will, muss fühlen, war ein besonders widerwärtiger Spruch, weil er immer dann vorgebracht wurde, wenn wir Ermahnungen wieder einmal in den Wind geschlagen hatten und schmerzhaft auf die Nase gefallen waren.

Unser Schulkamerad Hermann war kein besonders heller Kopf. Er war jedoch mutig bis zur Verwegenheit. Mit unglaublicher Schnelligkeit konnte er hohe Kletterstangen erklimmen. Wäre er Bewohner einer Südseeinsel gewesen, hätte er schwindelfrei Palmen ersteigen und deren Kokosnüsse abernten können. Unglücklicherweise war er aber in einem Land zur Welt gekommen, wo Lehrer es darauf anlegten, ihn mit Wissensstoff zu quälen, für den sein Schädel nicht gebaut war. Deshalb schwänzte er oft den Unterricht, unterließ es schulische Hausaufgaben zu machen, und wurde mit Nachsitzen und schlechten Zeugnisnoten bestraft.

. Hermanns Eltern schien das nicht weiter beunruhigt zu haben. Wenig wahrscheinlich, dass sie jemals ein Sprichwort zitierten, um den Lebensweg ihres Sohnes günstig zu beeinflussen. Auch war Hermann eigensinnig genug, sich fremder Bevormundung zu widersetzen, vielleicht auch zu schwach im Kopf, die gut gemeinten Ratschläge anderer zu begreifen. So war es wohl eine Fügung des Schicksals, dass Hermann ein ihm unbekanntes Sprichwort in Szene setzte und ein Ereignis heraufbeschwor, dessen schmerzhafte Folgen ihn wohl auch geistig ein wenig erleuchtet haben mögen.

Hermann wollte beim Bau einer Waldbude im Brackweder Möllerwald mitwirken. Er und drei Schulkameraden trafen sich an einem sonnigen Nachmittag. Der kleine Willi ging voran; Wolfgang hatte einen Spaten mitgebracht, Hermann eine rostige Säge, und Hans-Dieter trug ein Fahrtenmesser am Gürtel. Lebhaft diskutierte man, wie die Waldbude anzulegen sei.

„Wir bauen eine Baumhütte", schlug Willi vor, „drei Meter über der Erde, da haben wir den nötigen Weitblick."

„Nein, keine Baumhütte!", widersprach Wolfgang. „Bei dieser Hitze ist es viel angenehmer, wenn wir eine Erdhöhle bauen."

„Eine Erdhöhle?", protestierte Willi. „Sollen uns die Ameisen fressen? Außerdem würden wir ersaufen, wenn ein Gewitter kommt."

„Quatsch nicht solchen Käse!", winkte Wolfgang ab. „Wir müssen die Erdhöhle ja nicht an einer Ameisenstraße bauen. Und wenn ein Gewitter kommt, ist es ohnehin besser, aus dem Wald zu verschwinden."

„Jedenfalls muss ich was zum Sägen haben", frohlockte Hermann. „Ich habe die Säge extra meinem Großvater weggeklaut."

„Du wirst schon was zu sägen bekommen", erwiderte Wolfgang. "Wir werden Äste zuschneiden müssen."

„Also gut, bauen wir eine Erdbude!", gab Willi nach. "Aber wundert euch nicht, wenn unsere Waldvilla demnächst von Wildschweinen bewohnt wird."

Man einigte sich auf einen schattigen Platz. Wolfgang markierte ein Rechteck und begann zu graben, während die anderen drei Kameraden das Holz herbeischafften.

Bald war die Bodenvertiefung ausgehoben. Hans-Dieter hatte Pfähle eingerammt und Willi Zweige dazwischen geflochten. Was jetzt noch fehlte, war eine stabile Dachkonstruktion.

„Wir brauchen eine Astgabel mit möglichst vielen Blättern dran", meinte Wolfgang.

Hermann musterte die umstehenden Bäume. „Da ist der richtige!", rief er und wies auf einen Ahornbaum.

„Bist du verrückt, da kommst du doch niemals rauf", widersprach Willi, „das sind mindestens vier Meter bis zum Ast."

„Fünf Meter", korrigierte Wolfgang.

Unbeirrt schritt Hermann zur Tat. Er steckte die Fuchsschwanz-Säge unterm Hosengürtel fest und schob sich mit flinken Klammergriffen den Baumstamm hinauf. Oben angekommen, saß er sogleich auf dem Ast, den er für die Waldbude vorgesehen hatte.

„Bravo!", applaudierten die Kameraden. „Als Kletterer bist du einsame Spitze!"

Hermann grinste. Dann griff er zur Säge und begann zu arbeiten. Aber was tat er da? Er sägte nicht die Außenseite des Astes, er sägte unmittelbar am Stamm.

„He, das kannst du doch nicht machen!", riefen die Kameraden. „Wenn du so weitermachst, passiert ein Unglück!"

Hermann aber sägte und war taub für jede Warnung. Ja, er führte die Säge mit besonderem Eifer, als wollte er den armdicken Ast, auf dem er ahnungslos saß, so schnell wie möglich nach unten befördern.

„Halt!", schrien die Kameraden. „Bist du verrückt? Du sägst dich ja selber ab!"

War es, weil alle wild durcheinander riefen und Willis Quiekstimme alles überkreischte, oder war es, weil Hermann sich stur ins Sägen verbissen hatte – jedenfalls ließ er nicht ab von seinem Tun und arbeitete wie ein Besessener. Das Unvermeidliche geschah: Vor den Augen der Kameraden neigte sich knackend der Ast und Hermann stürzte mit seiner Holzfracht nach unten.

Kreidebleich traten die Kameraden an ihn heran.

„Wir müssen Hilfe holen", flüsterte Willi. „Er hat sich gewiss die Knochen gebrochen."

„Nur keine Hektik!", beschwichtigte Hermann und lächelte gequält. Langsam setzte er sich auf, umfasste den linken Fuß und stöhnte auf vor Schmerz. Trotzdem versicherte er: „Ich brauche keinen Arzt, ich brauche nur etwas Zeit."

Hermann hatte großes Glück gehabt. Dank des mitgeführten Laubpolsters hatte er nur einen Fuß verstaucht. Mühsam humpelte er heimwärts, von den Kameraden kleinlaut begleitet.

„Und du brauchst wirklich keinen Arzt?", fragte Wolfgang besorgt.

„Mach doch keine große Sache daraus!", prahlte Hermann. „Ein Indianer kennt keinen Schmerz."

Hermann hat in der Tat keinen Arzt aufgesucht. Und in der Schule fehlte er nur einen einzigen Tag. Wochenlang ertrug er die Schmerzen und bewegte sich nur mühsam humpelnd fort.

Ob ihm dabei der tiefere Sinn jener Spruchweisheit aufgegangen ist, dass man nie den Ast absägen darf, auf dem man sitzt?

VERRÜCKT MIT SCHUBERT

Schon im Klassenzimmer hatten wir unter der Sommerhitze gestöhnt. Unser Lehrer Herr Brettschöner hatte ein Einsehen und erließ uns die Schulaufgaben. So konnte ich mich sofort nach dem Mittagessen auf den Weg zum Schwimmbad machen. An diesem Nachmittag stand aber noch etwas anderes auf dem Programm. In der Radiozeitschrift hatte ich mir eine Musiksendung markiert, der ich mit freudiger Erwartung entgegenfieberte.

Das Freibad war unsere große Sommerattraktion. Hier trafen wir uns so früh wie möglich und blieben meist bis in die Abendstunden. Die Duschräume und die Umkleidekabinen, die Liegewiesen und die Ballspielplätze waren uns wohlvertraut. Die meiste Zeit verbrachten wir im Sportbecken; seine Schwimmbahnen reichten bis zum Sprungturm, unter dem das Wasser abgründig tief wurde. Ein Brückensteg überspannte die Mitte des Beckens. Wir liebten es, von hier aus ins Wasser zu springen. Eine andere Attraktion war der Kiosk. Hier gab es Eiswaffeln und Getränke, Kekse und Schokolade, Kaubonbons, Nüsse und Lakritze. Dieser Kiosk hatte die unheimliche Macht, die letzten Münzen aus unseren Badetaschen zu ziehen.

Geschwind klemmte ich Handtuch und Badezeug aufs Fahrrad. Als ich losfahren wollte, kam meine Mutter aus der Haustür und drückte mir ein Fünfmarkstück in die Hand.

„Mach dir einen schönen Nachmittag im Freibad! Bei dieser Hitze kann man es anderswo ja kaum aushalten."

Ich bedankte mich und fuhr los. Nach einer Viertelstunde kam die Badeanstalt in Sicht. Es plumpste und kreischte darinnen, Wasserbälle und Federbälle flogen umher. Alles vibrierte vor quirliger Daseinslust. Hinter der Hecke liefen drei Schulkameraden mit Colaflaschen, und ich rief ihnen ein „Hallo, bis gleich!" entgegen.

Ich befestigte mein Fahrrad am Parkpfosten, ergriff das Badezeug und flog wie ein Pfeil zur Kasse. Hier gab man mir die Auskunft, dass meine Eintrittskarte den ganzen Tag gültig sei, auch wenn ich zwischendurch das Freibadgelände verlasse. Das war meinem Plan günstig. Zunächst aber wollte ich mich im Schwimmbecken abkühlen.

Trotz der Hitze waren meine Kameraden und ich voller Tatendrang. Wir warfen Münzen ins Becken und tauchten danach. Wir überraschten Wasserscheue an den Einstiegsleitern und ließen uns dicht neben ihnen, mit dem Gesäß voran, als Arschbombe ins Wasser plumpsen. Wir füllten die Badekappen mit kaltem Wasser und gossen es überm Rücken ahnungsloser Mädchen aus. Anschließend rubbelten wir uns trocken, kämmten uns Elvis-Tollen ins Haar und vertilgten tütenweise Erdnüsse.

Irgendwann machte Dieter den Vorschlag, eine Partie Wasserball zu spielen. Ich schaute zur Sprungturmuhr und dachte an den Radiotermin.

Aber Dieter zählte bereits durch: „Wir sind neun Spieler, daraus lassen sich zwei Vierer-Mannschaften bilden. Du Bernd bist der Torwart!"

„Tut mir leid", erwiderte ich. „Es ist gleich drei Uhr, ich muss für eine Stunde verschwinden."

„Nun sei mal kein Frosch! Wo willst du denn hin bei dieser Hitze?", wollte Jürgen wissen.

„Ich habe was ganz Besonderes vor. Das ist eine Gelegenheit, auf die ich schon seit Monaten gewartet habe."

„Nun mach's mal nicht so spannend, und erzähl uns, was los ist!"

„Also gut", antwortete ich, „heute Nachmittag spielt eine besondere Musik im Radio, eine Musik, die ich mir unbedingt anhören muss."

„Was denn für 'ne Musik?", wollte unser Rock'n'Roll-Experte Hans-Georg wissen. Elvis Presley oder Bill Haley? Sowas kannst du auch bei mir zuhause hören. Mein Bruder hat eine riesige Schallplattensammlung."

„Hat er auch Schuberts Zweite Sinfonie?" brach es aus mir heraus.

Die Kameraden schauten einander an.

„Schubert? Wer ist denn das?"

„Das ist ein vermoderter Kerl, der Musik fürs Altenheim komponiert hat", erwiderte Hans-Georg. Er blickte mich durchdringend an: „Was willst du denn mit solchem Stuss anfangen? Es ist doch wohl nicht dein Ernst, dass du deshalb unser Wasserballspiel boykottieren willst!"

„Ich will überhaupt nichts boykottieren. Ich will Schuberts Zweite Sinfonie hören. In einer Stunde bin ich zurück."

„In einer Stunde kann viel passieren", sinnierte Jürgen und grinste. „Wie, wenn du dich in einen Tattergreis verwandelst, der nur noch am Stock laufen kann? Schubert!!! Wie kann man nur so bescheuert sein und Schubert hören! Und dann eine Sinfonie! Warum nicht gleich eine Beerdigungsmusik?!"

Es hatte keinen Sinn weiter zu reden. Ich nahm meine Badesachen und verließ das Freibadgelände.

Als ich zuhause eintraf, schlitterte ich ins nächste Malheur.

„Was willst du denn jetzt schon hier", rief meine Mutter, „so früh am Nachmittag?"

„Gleich wird im Radio eine Schubert-Sinfonie übertragen", antwortete ich. „Die möchte ich mir unbedingt anhören."

„Ja bist du denn völlig durchgedreht!?", rief sie. „Wie kann man denn bei dieser Hitze das Freibad verlassen, um eine Sinfonie zu hören! Du bist doch nicht mehr ganz richtig im Kopf! "

„Ob ich richtig im Kopf bin oder nicht - das kannst du überhaupt nicht beurteilen", versetzte ich. „Du kennst ja nur deine erbärmlichen Vico-Torriani-Schnulzen und hast keine Ahnung von richtiger Musik. Kümmere du dich um deine Bildung und erwirb dir einen besseren Musikgeschmack."

Ich schloss die Wohnzimmertür und schaltete das Radio ein.

Gleich darauf stürmte meine Mutter ins Wohnzimmer: „Da rackere ich mich ab, damit es dir gut geht und ein anständiger Mensch aus dir wird; und was ist der Dank dafür? Du machst was du willst, hast den Kopf voller Flausen und bist arrogant bis zur Unverschämtheit."

„Lass mich jetzt bitteschön meine Schubert-Sinfonie hören!", forderte ich gereizt. „Vielleicht wirst du ja irgendwann begreifen, was für eine herrliche Musik das ist. Sie könnte auch *dein* Leben bereichern."

„Ich habe Wichtigeres zu tun, als untätig am Radio zu sitzen", erwiderte meine Mutter. „Und *du* solltest dich endlich bemühen, ein normaler Mensch zu werden, der die Realitäten des Lebens anerkennt".

„Schuberts Musik *ist* eine Realität!", verkündete ich nicht ohne Pathos, woraufhin sie kopfschüttelnd das Wohnzimmer verließ.

Es war soweit: Schuberts Zweite Sinfonie wurde angekündigt. Der Ansager sprach von einem Meisterwerk aus dem Jahr 1815, das Schubert schon als Achtzehnjähriger komponiert habe.

Als die Musik dann richtig lospreschte, war mein Ärger verflogen. Ihr federnder Elan, ihr ungestümer Bewegungsdrang packten und beschwingten mich; ich konnte mich nicht satt daran hören.

Der zweite Satz der Sinfonie begann mit einer hübschen kleinen Melodie. Lieblich und heiter schlenderte sie dahin, wanderte mit leichten Veränderungen durch die Instrumente, bis sie ihre Harmlosigkeit ablegte und wie eine Dampfmaschine zu rumoren begann. Bilder von rotierende Rädern und mächtigen Schwingstangen kamen mir in den Sinn. Umso überraschter war ich, als die kleine Melodie wieder auftauchte und diesen Satz zu einem allzu harmlosen Abschluss brachte.

Das konnte unmöglich Schuberts letztes Wort sein. Nein, das war nicht Schuberts letztes Wort. Ich wusste es von vormals, als ich die Sinfonie zum ersten Mal hörte. Denn was nun kam, hatte mich buchstäblich vom Hocker gerissen. Jetzt wurde mir klar, dass auch hier eine Dampfmaschine am Werk war. Ihr Rhythmus hämmerte noch energischer, und es fiepten durchdringend die Pfeifen dazu.

Tja, und dann wieder so eine verblüffende Wendung. Die wuchtige Maschinenmusik verstummte, und ein kleiner kecker Wicht schlenderte vorbei - heiter, unbekümmert und mit einem Tirolerhut auf dem Kopf. Er hüpfte und tänzelte eine Weile, und dann legte die Kraftmaschine wieder los - pfeifend, schwingend, stampfend, wie sie es zuvor getan hatte.

Dieser Schubert war ein famoser Kerl! Dabei war er nur vier Jahre älter als ich, als er das komponierte!

Der letzte Satz der Sinfonie war nicht weniger mitreißend. Das Tempo glich dem des ersten Satzes. Aber diesmal stürmte ein Reiterheer über die Steppe. Zunächst leise und wie aus der Ferne kommend, dann preschten die Pferde mit Donnergetöse vorbei. Wie elektrisiert wippte ich auf dem Polstersessel mit. Zwischendrin eine kleine Episode mit vergnügtem Vogelgeschwätz. Dann sausten die Pferde wieder los mit vollem Karacho, dass der Sessel unter mir knackte.

Dieser Schubert war einfach großartig. Dagegen waren Elvis Presley und Bill Haley röhrende Hampelmänner. Schuberts Sinfonie war überreich an prächtigen Ideen. Ich schwelgte in ihren Rhythmen, ihren Melodien - als wäre Schubert selbst in mir lebendig geworden.

Als ich im Freibad eintraf, hatten Mädchen aus unserer Schulklasse mit den Kameraden sich zusammengetan, um Völkerball zu spielen. Ich trat ans Netz und schaute eine Weile zu. Da sie meine Gegenwart nicht zu bemerken schienen, ging ich schließlich weg und verbrachte den Rest des Nachmittags allein im Freibad. Lange klang die schlendernde kleine Melodie noch in mir nach.

Am nächsten Tag sollte mich das Schubert-Abenteuer erneut in eine prekäre Lage bringen. Ich hatte keine Ahnung, wer es unserem Klassenlehrer zugesteckt hatte - Herr Brettschöner wusste jedenfalls Bescheid und brachte demonstrativ seine Anerkennung zum Ausdruck, indem er mich vor der ganzen Klasse lobte. Das Schwimmbad zu verlassen, um eine Schubert-Sinfonie zu hören -

das schien ihm in höchstem Grade vorbildlich. Schließlich hatte er uns auf diese Art von Musik aufmerksam gemacht. Die Beispiele, die uns sein Tonbandgerät vorspielte, weckten freilich keine allgemeine Begeisterung. Außer mir reagierten nur zwei Schüler positiv. Und ich war mir keineswegs sicher, ob deren Zustimmung wirklich der Musik galt, oder ob sie sich beim Lehrer bloß beliebt machen wollten.

Und nun schien ich den Verdacht zu erregen, mich bei Herrn Brettschöner anbiedern zu wollen. Was mir umso peinlicher war, weil dieser Mensch zwei Tage zuvor ein viehisches Schauspiel geboten hatte. Vor den Augen der Klasse hatte er einem widerspenstigen Schüler mit dem Bambusstock den Hintern versohlt. Das hatte wütende Empörung ausgelöst. Besonders bei seinen Kumpanen, die auf dem Pausenhof böse über Herrn Brettschöner herzogen.

Und nun hatte dieser Lehrer mich gelobt. Ich stand im Rampenlicht der Aufmerksamkeit wegen meiner Liebe zu Schuberts Musik, die auf beschämende Weise mit bloßer Liebedienerei für Herrn Brettschöner verwechselt werden konnte. Nach der Unterrichtsstunde geschah dann wirklich, was ich befürchtet hatte: das Prügelopfer und seine Kumpanen nannten mich einen falschen Hund, einen Schleimer und Arschkriecher, der nur auf gute Zeugnisnoten aus sei.

Betrübt hockte ich auf einer Eckbank im Pausenhof, als unser Rock'n'Roll-Experte Hans-Georg zu mir kam.

„Ist blöd gelaufen", sagte er, „du wirst dich jetzt ziemlich beschissen fühlen."

„Hast *du* das Herrn Brettschöner verraten?"

„Nein, das müssen die Völkerball-Mädchen gewesen sein. Diese Klatschweiber können ja nichts für sich behalten!"

„Glaubt du auch, dass ich ein Arschkriecher bin?"

„Nein, ich glaube, dass du es verdammt ehrlich meinst mit der Musik. Übrigens: Ich habe gestern die Schallplattensammlung von meinem Bruder durchgesehen. Da war wirklich was von Schubert dabei - das Streichquartett *Der Tod und das Mädchen*. Da habe ich ein bisschen reingehört."

„Und ... hat es dir gefallen?" Gespannt wartete ich auf seine Antwort.

Hans-Georg zögerte einen Moment. „Tja, Schubert war zweifellos ein Verrückter, viel verrückter als Elvis Presley. Trotzdem - es ist nicht meine Musik."

Hans-Georg klopfte mir freundschaftlich auf die Schulter und ging zur Pausenhalle zurück.

Schubert - ein Verrückter? Dieser sagenhafte Kerl? Dieser Erfinder musikalischer Wunderwelten? Doch halt ... vielleicht hatte Hans-Georg ja recht. Vielleicht musste man ja verrückt sein, um wirklich lebendig zu sein. War denn nicht auch ich verrückt geworden, verrückt vor lauter Begeisterung, als ich die Schubert-Sinfonie hörte?

IM ABSEITS

Wer als gealterter Mensch seine Jugenderinnerungen aufschreibt, in dem meldet sich das Bedürfnis, über das Erlebte nachzudenken. Was war das doch, was mich damals umtrieb, begeisterte, belastete, verwirrte oder meine Hoffnungen nährte? Weshalb schienen die Meinungen anderer Menschen so überaus wichtig zu sein? Und warum war es so schwierig, eine gesunde Balance zu finden - frei von Arroganz, frei von Anbiederei, frei von Selbstzweifeln und dem bösen Verdacht ein Versager zu sein?

Als auszubildender Reproduktionsfotograf in einem graphischen Großbetrieb hatte ich mich der örtlichen Gewerkschaftsjugend angeschlossen. Einmal in der Woche trafen wir uns abends im Gewerkschaftshaus der Stadt, um ausgewählte Themen zu diskutieren, Filme anzuschauen oder die Zeit mit geselligen Spielen zuzubringen. Gelegentlich standen auch Ausflüge auf dem Programm. So erinnere ich mich an eine Maifahrt mit dem Weserdampfer. Ein Mietbus holte uns anschließend von der Landungsbrücke ab und brachte uns zu einem ländlichen Gasthof, in dessen großen Saal ein Popkonzert stattfinden sollte. Schon Wochen zuvor hatten meine Kameraden von der Rockband geschwärmt, die nicht nur für uns, sondern für eine große Fan-Gemeinde spielen würde.

Nun war es also soweit, das Rockfest war in vollem Gange. Ich aber war soeben nach draußen geflüchtet, war der Musik davongelaufen, an die ich mich wohl niemals würde gewöhnen können. Ihrer dröhnenden Übermacht entkommen, blickte ich zum klaren Nachthimmel empor und genoss die milde Frühlingsluft, die den Gasthof und seinen vibrierenden Tanzsaal umgab. Hier plätscherte friedvoll die Weser, in deren Wellen das Mondlicht funkelte, während drinnen im Saal, von grellen Lampen beflackert, biertrinkende Menschenpulks um die gefüllte Tanzfläche drängten.

Mit beängstigender Wucht hatten die Rhythmen auf mich eingehämmert, und schrille E-Gitarren waren wie glühende Messer mir an die Kehle gegangen. Den Gewerkschaftskameraden schien das alles nichts auszumachen. Sie nahmen das Spektakel unbeschadet hin und genossen es sogar mit offenkundiger Begeisterung. Ich habe ihnen beim Tanzen zugeschaut, sah ihre Bewegungslust und ihre freudig erhitzten Gesichter. Und ich hörte sie in johlenden Beifall ausbrechen, wenn der nächste Musiktitel angekündigt wurde. Der einzige, der nicht mitmachte, war ich. Ich war der Sonderling, der sich absetzte und fortging.

Tat ich das, um meinen überlegenen Musikgeschmack zu demonstrieren? Gewiss nicht in diesem Augenblick, denn ich fühlte mich wie ein Ausgestoßener. Wer aber hatte mich ausgestoßen, wenn nicht ich mich selbst? Schien doch das Konzert für meine Kameraden ein akustisches Wonnebad zu sein, und es machte ihnen anscheinend nichts aus, sich nur schreiend oder mit Handzeichen einander verständlich machen zu können.

Unangenehme Fragen gingen mir durch den Kopf: War ich ein verzärteltes Weich-Ei, dass ich hier nicht mitmachen konnte? War ich zu feige oder zu blasiert, mich auf das wilde Getümmel einzulassen? Zu verklemmt für eine lustvolle Vitalität, die auch das Rohe und Aggressive nicht verschmähte? Oder traf das Gegenteil zu? Dann waren die anderen die armen Tröpfe, waren sie unsensible Klötze oder anspruchslose Esel mit einem schlechten Musikgeschmack. Wenn nicht gar heimliche Masochisten, die sich bereitwillig den Schlägen der Rockmusik aussetzten und denen dieses akustische Misshandeltwerden einen perversen Genuss bereitete.

Aber meine Spekulationen überzeugten mich nicht. Hatten die Kameraden nicht oft genug bewiesen, dass sie keine Dummköpfe waren? Wohingegen ich, wenn es um geschicktes Handeln und clevere Selbstbehauptung ging, oft wirklich wie ein Dummkopf dastand? Zog es mich nicht auch deshalb in die Fantasiewelten genialer Kunstwerke, weil ich meine lebenspraktische Unbeholfenheit vergessen wollte? Nein, ich war kein Goethe, ich war kein Mozart. Trotzdem schmeichelte ich mir - wenn ich den *Werther* las oder die *Jupitersinfonie* hörte -, dass ich einiges mit diesen noblen Geistern gemeinsam haben müsse. Ja, wenn ich mich nur tüchtig anstrengen würde, vielleicht könnte auch ich Literatur produzieren oder eine Klaviersonate komponieren.

Die Realität sah freilich anders aus: Ich war nicht einmal fähig, fehlerfrei Klavier zu spielen, geschweige denn gute Musik zu erfinden. Und bei der Schriftstellerei haperte es ebenfalls. Ich bosselte schlechte, unbeholfene Kopien meiner literarischen Vorbilder, war geistig unflexibel und verfügte über wenig Ausdauer beim Schreiben.

Welchen Elan und welche Zielstrebigkeit ließen dagegen meine Gewerkschaftskameraden erkennen! Einige waren politisch engagiert und fochten selbstbewusst für ihre Überzeugungen. Nein, das waren keine armen Tröpfe. Fielen die abwertenden Urteile dann aber nicht auf mich selbst zurück?

Wenn ich jetzt auf diese Jugendjahre zurückblicke, fällt mir vor allem eines auf: Wie überaus wichtig ich mich damals nahm. Obwohl es nur wenige Punkte gab, in denen ich mich von meinen Mitmenschen unterschied, glaubte ich wegen meiner gehobenen Musik- und Literaturansprüche einen Sonderstatus innezuhaben. Hatte ich doch wiederholt erlebt, dass Werke, die mich in Begeisterung versetzten, andere völlig kalt ließen oder mit schnöder Verachtung abgetan wurden. Auch meine Eltern verhielten sich nicht anders. So reagierte mein Vater gereizt und verärgert, wenn ich meine Schallplatten anhörte; von Beethovens *Dritter Leonoren-Ouvertüre* behauptete er sogar, dass dies überhaupt keine Musik sei. Und unter den Berufskollegen fand ich nur einen älteren Herrn, der meinen Musikgeschmack teilte. Noch krasser war die Ignoranz, wenn es um philosophische Literatur ging. Keiner kannte Schopenhauers *Die Welt als Wille und Vorstellung* und von Nietzsche kannte man allenfalls das ominöse Peitschen-Zitat. Umso eindringlicher warnten mich besorgte Kollegen, ich solle meine kostbare Zeit nicht mit verstiegenen Büchern vergeuden, sondern mehr Zeit in die berufliche Bildung investieren. Außerdem empfahlen sie mir, einen Sinn fürs Praktische zu entwickeln, damit ich den Herausforderungen des Alltags besser gewachsen sei. Der

Biedersinn solcher Ratschläge empörte mich. Und er verstärkte meine Neigung, mich als Ausnahmemenschen zu empfinden. Freilich konnte ich kein Talent ausfindig machen, das ich nur noch hätte trainieren brauchen, um meiner außerordentlichen Bestimmung gerecht zu werden. Sollte ich deshalb aber resignieren und eine anspruchslose Gesinnung vortäuschen, nur um mich bei den anderen beliebt zu machen? Und der Poesie, der Philosophie, der großen Musik den Rücken kehren, damit ein allseits beliebter Philister aus mir werde? Dagegen protestierte mein Stolz. Und meine gekränkte Seele streikte. Ich wurde dumpf und müde bei der Arbeit, erfüllte lustlos mein Pensum und war geistig oft abwesend. So konnte es nicht ausbleiben, dass mir Fehler unterliefen, ich Arbeitsaufträge vergaß oder Anweisungen falsch umsetzte. Dies brachte mir manche Rügen ein. Und die hämischen Kommentare schmählüsterner Kollegen.

Zum Glück gab es aber auch nette Mitarbeiter, die mich schonend zurechtwiesen, mir wertvolle Tipps gaben und mir Peinlichkeiten ersparten. Zu ihnen gehörte Rolf - ein junger Reproduktionsfotograf, der die Gesellenprüfung kürzlich hinter sich gebracht hatte. Er war es auch, der mich einlud an den Abenden der Gewerkschaftsjugend teilzunehmen. Der lockere, kameradschaftliche Ton, der dort vorherrschte, die überschaubare Teilnehmerzahl und das abwechslungsreiche Programm brachten es mit sich, dass ich kaum eine dieser Zusammenkünfte ausließ. Auch als ich den Gesellenbrief bereits in der Tasche hatte, blieb ich noch jahrelang dabei.

Inzwischen hatte in unserem Land politischer Widerstand sich bemerkbar gemacht. Studenten verlangten Universitätsreformen oder protestierten gegen den amerikanischen Vietnamkrieg, Journalisten enthüllten die Nazi-Vergangenheit deutscher Politiker, und auch wir jungen Gewerkschaftler blieben nicht untätig: Wir fuhren nach Düsseldorf, um gegen die Notstandsgesetze zu demonstrieren. Ältere Gewerkschaftskollegen haben unseren Elan nicht immer gut geheißen, mussten sie sich doch mit linksextremen Argumenten auseinandersetzen.

Allerdings waren nur einige von uns politisch wirklich aktiv. Die meisten beschränkten sich darauf, Bob Dylans wehmütige

Protestsongs anzuhören. Oder sie amüsierten sich mit Degenhardts sarkastischen deutschen Liedern. Besonders beliebt war internationale Popmusik, in der ein neues Lebensgefühl zum Ausdruck kam. Das *Yeah, Yeah, Yeah!* der Beatles, das *Can,t Get No Satisfaction* der Rolling Stones und die psychedelischen Rock-Ekstasen von Jimi Hendrix versetzten junge Menschen weltweit in Begeisterung. Man fühlte sich einer Avantgarde zugehörig, die mit verkrusteten Traditionen brach und der autoritären Elternwelt den Gehorsam verweigerte. Die eskalierenden Studentenunruhen waren Teil einer allgemeinen Jugendrevolte. Ziel war eine repressionsfreie Gesellschaft, in der der Mensch sein Leben selbst bestimmen kann. Auch wir jungen Gewerkschaftler - zumindest einige von uns - lasen Bücher von Marx, Sartre, Marcuse und Adorno. Und wir teilten die Überzeugung, dass nur eine progressive Linke imstande sei, die sozialen und politischen Missstände aus der Welt zu schaffen, an denen der jugendliche Protest sich entzündet hatte.

Was meine eigene Person betrifft, so war meine Haltung widersprüchlich. Zwar faszinierte mich der ideologiekritische Scharfsinn, mit dem linke Theoretiker soziales Unrecht und konservative Machtstrukturen anprangerten. Doch war ich keineswegs bereit, die bürgerliche Kultur grundsätzlich abzulehnen. Verärgert widersetzte ich mich der Behauptung, traditionelle Kunstwerke seien Produkte von klassenbedingtem falschem Bewusstsein und bürgerliche Konzertmusik bloß schöner Schein, der die Menschen davon abhalte, gegen soziales und politisches Unrecht zu revoltieren. Wenn man so argumentierte, produzierten dann nicht auch die Beatles schönen Schein? Und hatten nicht auch Protestlieder einen konsumierbaren Unterhaltungswert?

Von Zeit zu Zeit wurden im Gewerkschaftshaus Musikabende durchgeführt, an denen jeder seine Lieblingsschallplatten mitbringen durfte. Einer dieser Abende stand unter dem Motto: *Pop kontra Klassik.* Hier lieferten wir uns Wort- und Musikgefechte, worin sich sachliches Engagement mit humoristischen Frotzeleien mischte. Wie nicht anders zu erwarten, musste ich als Einzelkämpfer gegen eine Legion von Pop-Fans antreten. Aber ich ließ mich nicht unterkriegen. Als einer meiner Kontrahenten Degenhardts *Spiel nicht mit den Schmuddelkindern* vorspielte, schlug ich zurück mit Beethovens rasanter *Egmont-Ouvertüre.* Gegen Bob Dylans sentimentales *Blowin' in the Wind* brachte ich Tschaikowskys gutgelauntes *Capriccio Italien* in Stellung. Und die Songs der Beatles konterte ich mit einem schmissigen *Ungarischen Tanz* von Johannes Brahms. Natürlich war das alles nicht ganz ernst gemeint, und es wurde viel gelacht bei unseren Scharmützeln.

Wenn ich heute zurückdenke an jenen Musikabend, wird mir klar, dass ich damals einen prekären Balanceakt ausführte. Abgesehen von der hochkarätigen Beethoven-Ouvertüre, die ich wegen ihres revolutionären Elans ausgewählt hatte, beschränkte ich mich durchweg auf allzu simple Klassik. Von Johannes Brahms riskierte ich nur einen *Ungarischen Tanz,* statt seine wuchtige *Tragische Ouvertüre* vorzuführen, die ich besonders schätzte. Nein, ich wollte keinem die gute Laune verderben und biederte mich an. Freilich, wenn mir die Argumente ausgingen, konnte ich meine popfreudigen Kameraden auch elende Banausen schimpfen. Diesen Affront inszenierte ich jedoch mit einer so übertriebenen Entrüstung, dass er als effektvolle Selbstverulkung ausgelacht werden konnte.

Hinter solchen Clownerien stand freilich der ebenso vage wie bedrückende Verdacht, ein Mensch von einem anderen Stern zu sein. Die musikalischen Vorlieben meiner Kameraden waren für mich kaum nachvollziehbar, und ihnen mochte mein Musik-Enthusiasmus wie eine elitäre Marotte erscheinen, die mich ins Abseits des Kurios-Absonderlichen trieb.

Nein, ich wollte meine Kameraden nicht verlieren - zumal ich mich selbst noch nicht richtig gefunden hatte...

Der nächtliche Gang am Fluss hatte mich vom Gasthof weggeführt, und die Rockmusik hatte sich in der Ferne verloren.

Ich war allein, ich war frei. Über mir funkelte ein Heer von Sternen. Der halbe Mond goss sein blasses Licht über Äcker und Wiesen. Vor mir ragten Bäume auf, die lange, unheimliche Schatten warfen. Lange lauschte ich ihrem Laubgeflüster. Dabei kam eine wunderschöne Melodie mir in den Sinn, die ich nicht zuordnen konnte. Stammte sie von Mendelssohn? Oder von Brahms? War sie aus einer Sinfonie? Oder aus einer Schauspielmusik? Ich strengte mein Gedächtnis an, konnte den Musiktitel aber nicht finden. Umso tiefer empfand ich die Schönheit dieser Musik. Sie verband sich mit dem Zauber meiner Nacht, darin ich stand wie eine Figur Caspar David Friedrichs, den Mond und seine Lichtmagie bewundernd. Plötzlich ein Rascheln im Gebüsch, vielleicht eine Maus oder ein Igel bei der Nahrungssuche. Wieder raschelte und knisterte es. Doch konnte ich kein Tier entdecken und setzte meinen Gang fort. Plötzlich fiel mir der Musiktitel ein: *Robert Schumann, langsamer Satz aus der Zweiten Sinfonie C-Dur Opus 61.* In diesem Moment geschah etwas Merkwürdiges. Der Zauber der Musik, der mich eben noch so tief bewegt hatte - er wurde beeinträchtigt. Wie eine Plakatschrift legte sich der Musiktitel darüber. Mein Verstand war befriedigt, die Musik aber hatte von ihrer Leuchtkraft eingebüßt. Das war eine seltsame Ernüchterung, wie ich sie auch in anderen Zusammenhängen schon erlebt hatte. Mit dem Nachthimmel war es mir ähnlich ergangen.

Ich richtete jetzt meinen Blick zum Himmel. Über mir leuchtete das Sternbild des Großen Bären, gleich daneben das Sternbild des Löwen mit seinem Hauptstern Regulus. Tiefer im Osten, vom Licht des Mondes verschleiert, standen Kastor und Pollux, die Hauptsterne der Zwillinge. Wer die Sternbilder kannte, dem schien der Himmel vertraut zu sein. Dabei waren Sternbilder nur willkürliche Markierungen, die den Blick von der Tiefe des Weltalls ablenkten. Ich erinnere mich eines merkwürdigen Versuches, all diese Sternbilder für einen Augenblick zu vergessen. Ich gab mir einen geistigen Ruck und hatte ein erstaunliches Erlebnis. Es war wie ein Sturz in die Unendlichkeit: Ich wurde von einem Glücksschauer erfasst, der zugleich ein Angstschauer war.

Nicht immer leisten unsere Deutungen, was wir von ihnen erwarten. Sie können auch Barrieren sein, die unsere Sicht behindern: bieder tapezierte Schutzwände, mit denen wir uns und unser Leben umstellen, ohne zu ahnen, was für schöne oder schaurige Wahrheiten sie verdecken. Unbekanntes mit bekannten

Wissensbeständen gleichsetzen - das bietet eine bequeme Scheinsicherheit. Man lässt die Erfahrungswelt hinter Worthülsen verschwinden und macht aus schimmernden Zaubergärten ordentliche Schilderparks. Welcher Romantiker faselt da noch von der rätselhaften *Blauen Blume*? Man braucht doch nur die Staub- und Blütenblätter zu zählen, um mit Hilfe eines klugen Bestimmungsbuches Artnamen und Pflanzengattung zu ermitteln.

Ist nicht auch *das eine Art von Magie*: vieldeutige Mysterien hinter eindeutigen Begriffen und wunderbare Ahnungen hinter wissenschaftlichen Erklärungen verschwinden zu lassen?

Allerdings: Auch Friedrichs gemalte Mondnächte, auch Eichendorffs Naturgedichte und die schönen oder schaurigen Lieder Franz Schuberts konnten einer abstumpfenden Erfahrungsroutine zum Opfer fallen. Alles konnte dem Bewusstsein entgleiten, alles zu einer faden Gewohnheitskulisse werden.

Was aber war die Ursache für solche Verarmung? Die ermüdende Tagesarbeit? Ein Hang zur Bequemlichkeit? Oder der dunkle Argwohn, dass Hintergründe Abgründe sein könnten? Vergeblich suchte ich nach einer Antwort. Nur so viel wusste ich: die Blumen der Poesie gehörten nicht ins Leichenfach der Botanisiertrommel.

Der Weg entfernte sich vom Ufer und führte einen Hang hinauf. Ich zögerte einen Moment. Würde ich nicht gar zu weit vom Gasthof mich entfernen? Eine Stunde vor Mitternacht sollte der Bus abfahren. Leicht könnte ich ihn verpassen, wenn ich die Orientierung verlöre.

Doch das zauberhafte Mondlicht, das Flüstern der Bäume und die Weite des Sternenhimmels - all das bannte mich und zog mich fort. Nirgends war eine Straßenlampe in Sicht, doch wurden bald die Umrisse einzelner Wohnhäuser erkennbar.

Ich näherte mich dem ersten Haus. Im Vorgarten entdeckte ich Sträucher mit hellen Blüten, die einen betörenden Duft verströmten. Im Obergeschoss glühte gelb ein Fenster.

Als ich beim nächsten Haus ankam, brach Hundegebell los. Erschrocken kehrte ich um. Inzwischen waren am ersten Haus Lampen hell geworden, eine männliche Gestalt näherte sich der Gartentür.

„Ich genieße den Sternenhimmel", stammelte ich und kam mir sogleich wie ein Schurke vor, der eine Schandtat verdecken will. „Meine Kameraden sind unten im Gasthof. Mir war die Musik zu laut, deshalb bin ich weggegangen."

Wortlos musterte mich der Mann, dann brummte er etwas Unverständliches. Hatte er begriffen, dass er einen harmlosen jungen Menschen vor sich hatte?

„Sieh zu, dass du den anderen nicht verloren gehst", sagte er schließlich und schickte sich an, ins Haus zurückzukehren. Doch wartete er an der Haustür; anscheinend wollte er sicher gehen, dass ich mich auch wirklich entferne.

Bin ich ein Krimineller? Ist es ein Verbrechen, den Zauber einer Frühlingsnacht zu genießen? Wütend kläffte der Hund: Ich, dem dieses Kläffen galt, hatte den Nachtfrieden gestört. War ich nicht wie ein Gauner umhergeschlichen und hatte arglosen Hausbewohnern Angst und Schrecken eingejagt?

Von törichten Schuldgefühlen begleitet, eilte ich den Wiesenhang hinab. Wie weit ich mich doch von den Kameraden entfernt hatte! Ein Blick auf die Armbanduhr: In vierzig Minuten würde der Bus abfahren. Angespannt lauschte ich in die Dunkelheit. Kein Laut war zu hören. Zeigte meine Uhr die falsche Zeit? Oder hatte ich mich verhört, als die Abfahrtszeit bekannt gegeben worden war? Ach wenn ich doch die Rockmusik hören könnte - sie, die vorhin so verhasste - wie willkommen wäre sie mir jetzt.

Ich stolperte und schreckte Vögel auf, die kreischend davonflatterten. Der Rückweg schien lang, unendlich lang zu sein. Endlich sah ich Licht unter einer Baumgruppe. Dort musste der Gasthof sein. Weshalb aber war keine Musik mehr zu hören? War das Fest zu Ende und der Bus längst abgefahren? Mich packte die Angst. Ach, wenn ich doch nur nicht diesen verfluchten Eigensinn gehabt hätte! Ich säße jetzt bei den Kameraden, und es wäre ein schöner, sorgloser Ausflug gewesen.

Beklommen näherte ich mich der Gasthaustür. Da erkannte ich Gerd und Detlef unter einer Gartenlampe, und eine Woge der Erleichterung erfasste mich.

„Ach, ihr seid noch nicht weg?"

„Weg? Wieso denn weg?", wunderte sich Detlef und schnipste elegant die Asche von seiner Zigarette. „Wir haben doch noch 'ne viertel Stunde Zeit bis zur Abfahrt."

„Und warum spielt keine Musik mehr?"

„Die Musikanlage ist durchgeknallt. Mitten im Beatle-Song *Help!* hat plötzlich die Rückkopplung reingepfiffen. Kostet bestimmt 'ne Menge Geld. Doch wo hast du dich rumgetrieben? Hast wohl von einer Sternenfee dich küssen lassen?"

„Von wegen Sternenfee, ein dämlicher Hund hat mich angekläfft. Und ein Hausbesitzer scheint befürchtet zu haben, dass ich ihm die Wohnung leer klauen will."

Gerd und Detlev lachten. Es fühlte sich gut an, wieder bei den Kameraden zu sein. Auch Claudia und Rolf kamen jetzt aus der Gasthaustür, gefolgt von zwei notorischen Spaßvögeln, die eine Sondervorstellung gaben. Sie überboten einander mit Kalauern und fielen wie zwei Besoffene sich in die Arme.

Der Bus startete pünktlich. Anfangs wurde im vorderen Busteil gesungen, dann breitete sich Müdigkeit aus. Auch ich döste ruhig und zufrieden. Als wir in eine Kurve kamen, taumelte draußen der halbe Mond vorbei. Dann schlief ich ein im schaukelnden Gefährt und träumte von einer Frühlingsnacht, in die unerwartet ein eisiger Wind hineinfuhr. Und je frostiger die Luft wurde, desto heller traten am Himmel die Sterne hervor.

ÜBER EISENBAHNEN
UND ANDERE MERKWÜRDIGKEITEN

Auch nicht informierte Fahrgäste dürften sogleich gespürt haben, dass an diesem Samstagmorgen etwas Besonderes in der Luft lag. Im Triebwagenzug nach Meinigen saßen auffallend viele Leute, die lebhaft miteinander diskutierten. Man fachsimpelte über Lokomotiv-Baureihen, gab einander Insider-Buchempfehlungen oder präsentierte die mitgebrachte Fotoausrüstung. Als wir in Meiningen angekommen waren und mit uns ein Sonderzug aus entgegengesetzter Richtung, setzte sich eine endlos lange Menschenkarawane in Bewegung. Männer jeden Alters, Väter mit ihren Söhnen und auch Frauen pilgerten erwartungsvoll neben der Bahnstrecke entlang. Sie passierten einen Bahnübergang, folgten linkerhand einer Straße und erreichten bald das Dampflokwerk mit dem Ausstellungsgelände. Ein Plakat über dem Eingangstor hieß die Besucher der Meininger Dampfloktage willkommen.

Ich bezahle meine Eintrittskarte und betrete die riesige Werkshalle. Schon nach wenigen Schritten wird mir klar: Hier sind nicht nur reparaturbedürftige Großlokomotiven zu sehen. Zwischen Fahrgestellen, Langkesseln und Radsätzen haben geschäftstüchtige Modellbahnfreunde ihre Klapptische aufgebaut. Die Lokomotiven und Triebwagenzüge in den hölzernen Flachkästen erinnern mich an das ehrgeizige Modellbahnprojekt meines Vaters. Trotz jahrzehntelanger Bemühungen war sein Königreich niemals fertig geworden. Vermutlich war der Anspruch zu perfektionistisch. Stets musste etwas gebessert, stets etwas Neues hinzugefügt werden: hier ein Lokschuppen, dort eine Drehscheibe, da ein wasserführender Springbrunnen, dort die Masten für den Oberleitungsbus. Es wurde eng auf dem Eisenbahnbrett. Unvermeidlich kam es zu Fehlfunktionen, weil das Gewirr elektrischer Verkabelungen schwer zu überschauen war. Als Kind beeilte ich mich bei solchen Komplikationen aus dem

Eisenbahnzimmer zu verschwinden - denn Fehlfunktionen konnten dramatische Wutanfälle auslösen.

Hätte es meinen Vater endgültig zufrieden gestellt, wenn sein Modellbahnprojekt fertig geworden wäre? Wie geplant hätten die Züge sich durch die Landschaft geschlängelt, um an Bahnhöfen automatisch anzuhalten. Der Oberleitungsbus hätte seine Kreise in der Stadt gezogen. Die Seilbahngondeln wären ruckelfrei den Berg hinauf- und herabgeschwebt. Das Warnlicht am Hochmast hätte vorschriftsmäßig geblinkt, der Rathausbrunnen naturgetreu geplätschert. Was wäre das Resultat solch makelloser Perfektion gewesen? Eine Sinnkrise? Eine Depression? Weit schlimmer als die seelische Verstimmung, in die mein Vater für eine Woche geriet, als er seine geliebte Modellbahn verkaufen musste? Ein Wohnungswechsel hatte den Verkauf unumgänglich gemacht.

Die Meininger Modellbahnfreunde scheinen freilich bester Laune zu sein. Kein Trennungsschmerz verdunkelt ihren Verkaufserfolg. Vielleicht planen sie ja schon ihr nächstes, nunmehr komplett digitalisiertes Modellbahnprojekt.

Ich schaue mir die Angebote an. Schadhafte Kartons enthalten Transformatoren, Schienengarnituren, Signale und andere Dinge. Auch Bahnhöfe stehen zum Verkauf bereit. Besonderes Interesse wecken die Modelle der Dampflokomotiven. Auch historische Triebwagen sind gefragt - wie der weinrote Schienenbus, in dessen lautstark brummendem Original wir einst von unseren Schulausflügen heimfuhren. Damals waren Dampflokomotiven auf deutschen Schienennetzen allgegenwärtig. Heute sieht man sie nur noch bei Sonderfahrten oder auf privaten Museumsstrecken.

Dank einschlägiger Fachbücher ist mir die Technik der Dampflokomotiven heute einigermaßen vertraut. Für das Kind jedoch waren die schwarzen Kolosse unheimliche Drachentiere, die ein qualmendes Feuer im Bauch hatten. Brütend konnten sie dahocken, leise säuseln, leise pochen, und plötzlich mit grellem Zischen gewaltige Dampfschwaden ausstoßen. Schweiß troff von ihrem öligen Gestänge, indes der Schornstein lautlos qualmte und Wasser aus unscheinbaren Röhrchen tropfte. Dieses verrußte

Riesentier röchelte, klackte und zischelte vor sich hin, bis der mit Spannung erwartete Moment kam, da es unter donnerndem Schnaufgetöse sich in Bewegung setzte. Jetzt konnte man sehen, welch gewaltige Kraft in ihm steckte. Der Kolbenkasten verschwand in zischendem Zylinderdampf, dicker Qualm stieg aus dem puffenden Schornstein, und die schwingenden Treibstangen brachten das schwere Räderwerk zum Rollen. Ein Signalpfiff ertönte, und der Schnauf-Rhythmus gewann an Tempo. Zuletzt sah ich nur noch die rollenden Waggons - einen rasselnden Drachenschwanz -, indes der Drachenkopf längst in einer Rauchwolke verschwunden war.

Ich weiß nicht, was ich zuerst angestaunt habe: die zierlichen Modellbahnlokomotiven meines Vaters oder die wuchtigen Dampffriesen in der Bahnhofshalle. Aber ich erinnere mich, dass ich in Magdeburg oft auf einem Schütthügel saß, der dicht an ein Rangiergelände grenzte. Stundenlang konnte ich von hier aus einer Dampflokomotive bei der Arbeit zusehen. Ich lauschte der Signalpfeife des Rangierers, der Weichenhebel umlegte und armschwingend das Zeichen zum Abfahren gab. Kaltblütig konnte er auf den Gleisen stehen und zwischen Pufferpaaren warten, bis der anzukuppelnde Zugteil herangeschoben war. Seine Aktionen imponierten mir. Mehr noch imponierte mir aber der Lokführer und die lässige Souveränität, mit der er sein Kraftmonster beherrschte.

Manchmal kam die Lok direkt vor meinem Sitzhügel zum Stehen. Das waren aufregende Momente, in denen mein Herz mit den Klackgeräuschen der Dampfventile um die Wette klopfte. Wartend schaute der Lokführer aus dem Führerstandsfenster, und respektvoll betrachtete ich seine blaue Schirmmütze, auf der ein goldenes Flügelpaar glänzte. *Wenn ich erwachsen bin, möchte ich auch so eine Lokomotive fahren!* - das war mein größter Wunsch. Kein anderer Beruf schien mir so attraktiv und ehrfurchtgebietend.

Einmal habe ich dem Lokführer zugewinkt. Zu meiner Überraschung winkte er freundlich lächelnd zurück. Doch dann geschah etwas, das mir den Schrecken in die Glieder fahren ließ. Neben dem Kopf des Lokführers mit der schönen blauen Schirmmütze tauchte plötzlich ein anderer Kopf, ein Kopf mit pechschwarzer Kappe auf, dessen rußgeschwärztes Gesicht mich furchtbar angrinste, als wäre es das eines Teufels, der soeben aus seiner Feuerhölle emporgestiegen ist. Was hatte mein freundlicher Lokführer mit solchem Gesindel zu schaffen? Der Schrecken muss mir deutlich im Gesicht gestanden haben, denn nun brach dieser schwarze Teufel - und leider auch der Lokführer - in ein schallendes Gelächter aus, das meinen Eisenbahn-Enthusiasmus für einige Zeit dämpfen sollte.

Zu meiner Überraschung wurden eines Tages Schienen für eine Feldbahn durch unsere Wohnsiedlung gelegt. Anlass war der Bau eines Sportstadions, für dessen Zuschauertribünen Unmengen von Füllmaterial herbeigeschafft werden mussten. Damals standen kaum Lastkraftwagen zur Verfügung, denn man hatte sie an die russischen Besatzer abgeben müssen. Deshalb wurden Kipplorenzüge eingesetzt, gezogen von robusten kleinen Lokomotiven, die trotz ihrer Kleinheit prächtig qualmen und geräuschvoll ihren Dampf abblasen konnten. Rollte solch ein Zug durch unsere Wohnsiedlung, rannten wir Kinder begeistert hinterher. Manchmal begleiteten wir ihn bis zur Baustelle. Hier wurde die Dampflok abgekuppelt und auf ein Abstellgleis gestellt. Wir nahmen die Gelegenheit wahr, um dem Lokführer Fragen zu stellen:

„Wie viele Lokomotiven habt ihr? Welche ist die stärkste? Wie viele Loren kann sie ziehen? Wie viel Kohle braucht sie am Tag?"

Geduldig stand der Mann uns Rede und Antwort. Nur unserem Herzenswunsch, auf dem Führerstand mitfahren zu dürfen, erteilte er eine Absage. Die Dienstvorschriften ließen das nicht zu.

Ich liebe das Reisen mit der Bahn. Schon als Kind faszinierten mich die aufregenden und manchmal grotesken Eindrücke. Die Welt verwandelte sich in eine Drehbühne, worauf Kornfelder, Bauernhöfe und bewaldete Hügel einen fantastischen Reigen aufführten. Dörfer schoben sich heran, in deren Mitte ein Kirchturm tanzte. Obstbäume huschten wie zierliche Balletteusen vorbei. Besonders bizarr wirkten Aktionen in Zugnähe, die zu Blitzvisionen erstarrten: Jemand hob eine Axt und war schon verschwunden, ehe er den Schlag ausführen konnte. Immer wieder stürzten Vordergründe ins Bild. Wenn die

Strähnen naher Sträucher meinen Augen unangenehm wurden, widmete ich mich den vorbeihuschenden Telegrafenmasten. Ich beobachtete das Spiel ihrer Dompteurkunst und schaute fasziniert zu, wie sie die Kabelzeilen auf- und niedertanzen ließen. Begleitet wurde das Tanztheater vom rhythmischen Klacken der Wagenräder, die über Schienen rollten, die damals noch Stoßlücken hatten.

Manchmal schob mein Vater das Abteilfenster herunter. Wir setzten uns dem Fahrtwind aus, der hart wie ein Brett war und in dessen Flattergetose sich das Schallern der Wagenräder mischte. Von hier aus boten sich erweiterte Zugansichten. Bei Kurvenfahrten geriet sogar die Lokomotive in unser Blickfeld. Graue Auspuffwolken stoben aus ihrem Schornstein, und Rauchfetzen, die rußig rochen, wehten bis an unser Abteilfenster heran.

Es war herrlich, wie im Flug durch die Landschaft zu sausen. Rasch gewöhnten wir uns an das Tempo. Im Wagen fühlte es sich harmloser an als draußen, wenn man vor der Bahnschranke stand und ein Zug donnernd vorbeiraste. Da konnte einem schon angst und bange werden: Wie, wenn der Zug aus den Schienen spränge?

Jahre später sollte ich die dramatischen Folgen einer Zugentgleisung erleben - allerdings aus sicherer Entfernung. Es geschah nachts gegen drei Uhr in Brackwede. Ein wildes Gepolter hatte mich aus dem Schlaf gerissen. Ich sprang aus dem Bett und riss das Fenster auf. Zunächst begriff ich nicht, was geschehen war. Etwa einen Kilometer entfernt waberte ein feuriger Lichtschein, der aus einer Fabrikhalle zu kommen schien. Dann erkannte ich, dass das Licht an der Fabrikwand nur reflektiert wurde. Wenn dort ein Feuer ausgebrochen war, musste es auf der Straße oder auf dem Bahngelände geschehen sein. Eine Alarmpfeife fiepte, und ich konnte die Umrisse einer Diesellokomotive erkennen. Langsam fuhr sie an, bremste kurz darauf und wartete einen Moment. Als sie erneut anfuhr, hörte ich Wagen rumpeln. Schließlich wurde es still. Nur die Alarmpfeife fiepte. Minuten vergingen. Dann eine gewaltige Explosion. Feuer loderte auf, das sofort erschreckende Ausmaße annahm; die halbe Stadt schimmerte in seinem Licht. Ich eilte ins Schlafzimmer, um meinen Vater zu wecken. Als wir ans Fenster kamen, war die Feuersbrunst Dutzende von Metern hoch. Bald schrillten Martinshörner aus allen Himmelsrichtungen. Die Feuerwehren rückten heran.

Tags darauf erfuhr mein Vater Einzelheiten. Zwei seiner Arbeitskollegen berichteten, sie hätten gegen Morgen Eisenbahnwaggons auf der Straße liegen gesehen. Ein anderer wollte nachts einen fahrenden Güterzug mit glühenden Rädern erkannt haben. Ein Kollege hatte mit den Feuerwehrleuten gesprochen. Diese hatten auf dem Weg zum Unglücksort Haarsträubendes erlebt. Jenseits der Bahnunterführung war ihrem Löschfahrzeug auf ganzer Straßenbreite ein Strom brennender Flüssigkeit entgegen gekommen, der sie eiligst zur Umkehr zwang.

Einen zusammenhängenden Bericht fanden wir in der örtlichen Tageszeitung. Tatsächlich war die Zugentgleisung durch heiß gelaufene Räder verursacht worden. Von den entgleisten Güterwagen war ein Kesselwagen umgestürzt und hatte sofort Feuer gefangen. Die Flammen hatten rasend schnell um sich gegriffen und einen benachbarten Kesselwagen explodieren lassen. Zum Glück war kein Mensch zu Schaden gekommen. Der Lokführer hatte Schlimmeres verhindert, indem er Kesselwagen, die nicht entgleist waren, sofort aus der Gefahrenzone zog.

Das Unglück hat mir lange zu denken gegeben. Und es geht mir auch jetzt durch den Kopf - zwischen all den Montage-Rollständen im Meininger Dampflokwerk. Vor mir steht eine Güterzuglok der Baureihe 52. Die Rauchkammertür ist weit geöffnet, so dass Licht auf die Rauchkammerwand mit den wabenartig angeordneten Rohröffnungen fällt. Am Führerstand wurde die Kesselverschalung entfernt, und der Stehkessel liegt frei. Wie informierte Dampflokfreunde wissen, umschließt der Stehkessel die Feuerbüchse und den Füllraum für das Kesselwasser. Bei vollem Heizbetrieb darf der Wasserstand einen kritischen Wert nicht unterschreiten. Was geschieht, wenn die Wasserzufuhr ausbleibt, kann man in alten Unfallberichten nachlesen: Innerhalb weniger Minuten wurde die Feuerbüchse so heiß, dass es zu einer Kesselexplosion kam. Deren Wucht konnte den Langkessel komplett vom Lokrahmen reißen und Dutzende von Metern weit schleudern. Nicht nur das Lokpersonal ist bei solchen Katastrophen ums Leben kommen. Ahnte ich so etwas, als das Bild vom Feuerdrachen meine Kinderseele bewegte?

„Schau Papa - Jim Knopf und Lukas, der Lokomotivführer!" Ein Knirps zieht seinen Vater zu einem improvisierten Verkaufstisch, auf dem Kinderbücher ausliegen. Begeistert zeigt der Kleine auf die gelbe Dampflok daneben: „Schau - Emma, die Lokomotive, ist auch da!"

„Wenn du willst, kannst du auf Emmas Führerstand steigen", ermutigt ihn die Verkäuferin, die in einer abgetragenen Eisenbahner-Kluft steckt. Der Knirps besetzt den Führerstand und lässt sich stolz vom Vater fotografieren.

Inzwischen hat sich die Halle mit Besuchern gefüllt. Dampflokfreunde umkreisen die Lokkessel, bestaunen die Größe ausgebauter Radsätze und betasten Treibstangen, die auf Lagertischen liegen. Andere bummeln durchs Labyrinth der Verkaufstische, lassen sich Modellbahnen zeigen, beäugen Sammlungen abmontierter Lokschilder, durchstöbern Eisenbahnbücher, kaufen Lokomotiv-DVDs oder schlüpfen in schwarze Dampflok-T-Shirts. Bratwurstdüfte schweben durch die Halle. Sie locken zum Hallenausgang, wo zahlreiche Speisetischgarnituren die Besucher erwarten. Ich dränge mich an den Menschentrauben vorbei, lasse die Grill- und Getränkestände hinter mir und trete hinaus ins Freie. Hier mischt sich der Bratenduft mit dem Qualm der Dampflokomotiven. Scharen von Eisenbahnfreunden umschwärmen die angeheizten Lokomotiven. Sie besteigen Lokführerstände und lassen sich auf den Werksschienen einige Dutzend Meter weit hin- und herfahren.

Ein lustiger, bärtiger Mann kommt mir entgegen: „Ham 'se schon die Kohlenhofprinzessin gesehen? Gehn 'se mal hin und machen 'se 'n Foto, es lohnt sich!"

Ich bedanke mich für den Hinweis und gehe auf eine Güterzuglok zu. Vor ihrer Stirnseite hat sich ein Halbkreis überwiegend männlicher Schaulustiger gebildet. Wie hypnotisiert starren sie auf das Display ihrer Kamera, drücken den Auslöser und drücken ihn gleich noch einmal, um die anvisierte Prinzessin möglichst perfekt nachhause tragen zu können. Selbstbewusst hat sich die Dame vor der Rauchkammertür aufgestellt. Gekleidet in ein kohlenschwarzes Galakleid, das die Schultern freilässt und bis über die Füße reicht, steht sie auf einer Stiege des Pufferständers, das rechte Bein seitlich hochgestellt, den linken Arm keck in die Hüfte gestemmt, während die andere Hand lässig zur oberen Loklampe greift. Glasartige Schmuckapplikationen funkeln auf dem Schwarz ihres Kleides. Schwarz sind auch die haut-engen Handschuhe, auf deren linken sie einen broschengroßen Prachtring trägt. Wie es sich für eine Prinzessin gehört, schmückt ein glitzerndes Diadem ihr Haupt. Rot leuchtet ihr Haar, wie eine Flamme lodert es vom Kopf der Schönen herab. Damit kein Zweifel an ihrer Identität aufkommt, trägt sie eine goldfarbene Schärpe mit dem Schriftzug 'Kohlenhofprinzessin' über Brust und Schulter.

Ich verlasse die Dampflok-Lady und nähere mich einer restaurierten Tenderlokomotive, die mich an den Magdeburger Rangierbetrieb erinnert. Dann schließe ich mich einer Warteschlange an, die sich vor einer Schmalspurlok gebildet hat. Die Mitfahrt auf ihrem rumpelnden Führerstand fällt aber ziemlich ernüchternd aus, und ich bekomme eine Ahnung, welche Unbequemlichkeiten dem Lokpersonal einst zugemutet wurden. Kindliche Fantasien hatten sich das anders vorgestellt.

Nach dem Verlassen des Führerstandes fesselt eine ungewöhnlich große Schnellzuglok meine Aufmerksamkeit. Ihre windschnittige grüne Verkleidung gibt drei riesige rote Treibräder frei. Davor haben sich ein paar Halbwüchsige aufgestellt, die einander fotografieren wollen. Dabei ist ihnen ein weißhaariger Mann im Weg, der ins Anschauen der Treibstangen vertieft ist.

„Mach Platz, Opi - wir woll'n ein Gruppenfoto machen!" Ein hübsches Mädchen mit rosafarbener Haarsträhne lächelt ihm zu: "Es dauert nur 'nen Moment. Kannst gleich weitergucken."

„Tja wenn's denn nötig ist", brummt der Weißhaarige und weicht einige Meter zurück, ohne die Lok aus den Augen zu lassen. Als die jungen Leute fertig sind, tritt er ihnen mit einer Frage entgegen:

„Wisst ihr eigentlich, was für eine Lokomotive ihr da eben fotografiert habt?"

„Vermutlich 'ne Schnellzuglok", erwidert ein schlaksiger Kerl mit seitlich gedrehter Schirmmütze

„Allerdings! Aber es ist keine gewöhnliche Schnellzuglok. Es ist die schnellste betriebsfähige Dampflok der Welt. Die Treibräder, vor denen ihr steht, messen zwei Meter und dreißig. Was meint ihr, wie schnell sie damit fahren kann?"

Die jungen Leute schweigen. „Keine Ahnung", gesteht einer etwas genervt.

„Na, ihr seid mir schöne Eisenbahnfreunde", amüsiert sich der Alte: „Diese Zugmaschine, die übrigens mit Heizöl befeuert wird, schafft ganze einhundertundachtzig Kilometer in der Stunde."

„Der französische TGW ist dreimal so schnell!", erwidert lässig der Kerl mit der Drehmütze. „Dagegen ist dieser alte Hobel eine ziemlich lahme Ente!"

„Du kannst doch Kartoffeln nicht mit Tomaten vergleichen", winkt der Weißhaarige ab. „Unser Edelrenner ist übrigens gar nicht so alt wie du vielleicht denkst. Diese Lok mit der Loknummer 18 201 wurde erst im Jahr 1961 gebaut, und zwar hier im Meininger Dampflokwerk. Genauer gesagt: Man hat sie aus Bauteilen der Schnellfahr-Tenderlok H 61002, Bauteilen der Einheitslok H 45024 und einem Kessel der Baureihe 22 zusammengesetzt. Die Schnellfahr-Tenderlok hatte übrigens eine komplette Stromlinienverkleidung und wurde bereits im Jahr 1939 ..."

„Echt geil, was du alles weißt!", unterbricht ihn das Mädchen mit der rosa Haarsträhne. „Aber wir müssen jetzt weg. - Tschüss, Opi! Und schön, dass wir dich kennengelernt haben!"

Der Weißhaarige nickt wortlos, dann wendet er sich wieder seiner Schnellzuglok zu, um deren imponierende Räder zu betrachten.

„Armer Alter!", denke ich und bin mir bewusst, dass ich in Kürze meinen einundsiebzigsten Geburtstag feiern werde.

Ein Lokomotivpfiff jault in der Ferne. Ich setze meinen Rundgang fort und möchte Randbereiche des Dampflokwerkes erkunden. Hier lagern rostmürbe Lokomotivkessel auf Flachwagen, daneben sind Schienenfahrzeuge für den Schneeräumdienst abgestellt. Ich lasse eine ausrangierte Elektrolok hinter mir, betrachte einen bulligen alten Triebwagenzug und besichtige Reisewagen aus der Dampflok-Zeit. Dann widme ich mich einer Güterzuglokomotive der 44er Baureihe. Ihrem Kohlentender ist ein Warnschild aufgedruckt. Es zeigt einen Totenschädel mit zwei gekreuzten Knochen und trägt die Aufschrift: *Vorsicht! Kein Trinkwasser.*

Schon als Kind hatte ich so ein Totenkopf-Symbol an einer Dampflokomotive entdeckt. Es war mir etwas unheimlich. Der Schädel wirkte grimmig und komisch zugleich. Im Lexikon fand ich eine entsprechende Darstellung und ging damit zu meiner Mutter:

„Sag Mama, warum grinst der so unfreundlich?"

„Er kann nicht anders", antwortete sie zögernd.

„Wieso kann er nicht anders? Ist er schlecht gelaunt?"

„Nein, er ist nicht schlecht gelaunt. Das ist ein Totenschädel. Und ein Totenschädel hat kein Fleisch und keine Haut über den Zähnen."

„Aber er grinst doch so widerlich und schaut mich mit seinen dunklen Augen an!"

„Das sind keine Augen", sagte meine Mutter. „Das sind leere Höhlen, die nichts sehen."

„Was für 'n komischer Kerl! Sehe ich auch so aus, wenn ich tot bin? Bin ich dann so blind und unfreundlich? Oder ganz anders?"

„Das weiß keiner genau", erwiderte meine Mutter. „Das einzige, was man sicher weiß ist, dass am Ende ein lebloser Körper zurück bleibt. Der kommt in einen Sarg und wird in der Erde vergraben."

Am nächsten Tag zog ich ein großformatiges Buch aus dem Wohnzimmerregal. Es besaß viele farbige Abbildungen und hatte einen vielversprechenden Titel; er lautete: DAS LEBEN.

STERNENGLÜCK

Die Frage des Fünfjährigen. Als Kind habe ich oft zu den Sternen aufgeblickt. Ich war fasziniert von der himmlischen Pracht und habe wiederholt die Erwachsenen gefragt, was denn das da oben sei. Es war meine Großmutter, die mir erklärte, die Sterne am Nachthimmel seien Engel, die über unser Leben wachen. Besonders hell würden die Sterne der guten Menschen strahlen. Auch *mein* Stern sei dort oben, und er leuchte heller oder dunkler, je nachdem ob ich artig oder unartig gewesen. Diese Antwort empfand ich als wunderbar, und ich schaute noch bewegter, allerdings auch mit leiser Beklommenheit, zum Sternenhimmel empor.

Acht Jahre später schleppte ich astronomische Bücher aus der Stadtbibliothek nachhause. In ihnen wurde erklärt, dass Sterne heiße Gaskugeln seien, worin Kernverschmelzungen stattfinden. Aus dem leichten Element Wasserstoff würden schwerere Elemente entstehen, bis bei dramatischen Sternexplosionen auch solche Elemente gebildet würden, aus denen unser Erdplanet und unser menschlicher Körper zusammengesetzt sind. Diese Auskünfte waren erstaunlich und ernüchternd zugleich. Allerdings wurde in den Büchern auch über außerirdisches Leben spekuliert, und das beflügelte meine Fantasie. Nachts auf dem Balkon richtete ich mein Fernrohr auf irgendeinen Stern und stellte mir lebhaft vor, was für eine fantastisch hochentwickelte Zivilisation auf einem seiner Planeten existieren mochte. Damit bekam das Weltall wieder eine Seele: die Seele der Außerirdischen.

Ein anderes Rätsel, das mich umtrieb, war die vierte Dimension. In der Schule hatte ich gehört, dass man deren Existenz mathematisch abgeleitet habe, bislang aber kein Mensch imstande gewesen sei, sich eine anschauliche Vorstellung davon zu machen. Das weckte meinen Ehrgeiz. Ich kritzelte geometrische Figuren aufs Papier, zeichnete ein Quadrat, einen Würfel, zählte die Flächen und Kanten und versuchte einen Körper zu zeichnen, der - wie ein Würfel aus quadratischen Flächen - aus lauter Würfeln zusammengesetzt wäre.

Es drängte mich diese Tür ins Unbekannte aufzustoßen, und ich erwartete etwas ganz Ungeheuerliches - nicht bloß persönlichen Entdeckerruhm, sondern den absoluten Durchblick. Doch musste ich meine Versuche bald aufgeben und verwünschte meine schwache Intelligenz (Ich hatte keine Ahnung von höherer Mathematik; schon das dritte Keplersche Gesetz der Planetenbewegung hatte mich Tränen der Verzweiflung gekostet, weil ich mir überhaupt nichts darunter vorstellen konnte.).

In dieser bewegten Zeit - *ich war vierzehn Jahre alt* - klingelte jemand an unserer Wohnungstür. Draußen stand ein sogfältig gekleideter Herr. Er beglückwünschte mich, denn ich hätte beim Preisausschreiben der Sparkasse einen Preis gewonnen. Zusammen mit meiner Mutter gingen wir ins Wohnzimmer. Der Mann holte drei Bücher aus seiner Aktentasche und legte sie auf den Tisch: Eines davon durfte ich mir aussuchen. Nach kurzem Anblättern entschied mich für *Was ist Yoga?* - ein Buch, das sich mit der menschlichen Seele zu befassen schien.

Es war ein seltsames Buch, dessen Inhalt mich bald anzog, bald abstieß. Von einer Rose war da die Rede, die man sich im Geist vorstellen solle. Wer lang genug übte, würde sogar den Duft der Rose riechen können. War das nicht totaler Blödsinn? Ich machte ein paar erfolglose Versuche, dann legte ich das Buch beiseite und widmete mich anderen Dingen.

Vier Jahre später. Ich arbeitete bereits als Fotografenlehrling in einer Druckerei, als ein älterer Kollege mich auf einen Buchauszug aufmerksam machte. Dieser war in einer Reformhauszeitschrift abgedruckt. Der Titel des Buches lautete *Hara- die Erdmitte des Menschen*, und sein Autor hieß Karlfried Graf Dürckheim. Auch hier ging es um Meditationsübungen; der Text sprach mich aber weit mehr an als der des ominösen Yoga-Buches. So kaufte ich mir das Hara-Buch und übte täglich eine halbe Stunde. Nach Monaten geschah etwas Sonderbares. Etwa eine halbe Stunde lang hatte ich still aufrecht gesessen, als mein Atem sich ungewöhnlich vertiefte. Dann spürte ich, wie eine helle Energie in meiner Wirbelsäule emporstieg. Ich fühlte mich wie eine Lichtpflanze, die um ihre goldene Achse schwingt. Obwohl diese Erfahrung sich so nie wiederholt hat, wies sie mir den Weg in meine künftige Meditationspraxis.

Weitere vierundzwanzig Jahre später. Ich verbringe meinen Sommerurlaub in Sils Maria im Oberengadin. Nach Mitternacht bin ich aus dem Bett gestiegen, um die Toilette aufzusuchen. Beiläufig blicke ich aus dem Fenster und werde von einem ungewöhnlich hellen Sternenhimmel überrascht. Kurz entschlossen ziehe ich mir Hose und Jacke über den Schlafanzug und gehe nach draußen. Hier gelange ich in einen kosmischen Riesentempel. Von seiner Kuppel leuchten Tausende von Sternen, durchsetzt von kleinen Nebelhaufen und dem gigantischen Schleier der Milchstraße. Es ist ein Meer des Lichtes, das einen unendlichen Raum durchwirkt, worin ich selber wie ein Stern unter Sternen zu schweben scheine.

Was habe ich in jener Nacht auf der Schweizer Hochebene erlebt? Alles schien vollständig verwandelt. Was da über mir leuchtete, das war kein nüchterner Astronomenhimmel mehr, es war ein unbegreifliches Mysterium. Die Lichtmagie dieses hohen Sternentempels - war sie nicht ähnlich dem Zauberschein jener Lichtpflanze, die beim Meditieren in mir aufgeblüht war?

ANHANG

WIE AUS EINEM HUBSCHRAUBER-FAN EIN SCHRAUBHUBER WURDE
Eine kleine Satire über das Erwachsenwerden

Klein-Emil flog gern in die Höhe. Er liebte die Erdenschwere nicht, sondern wollte lieber eine Wolke sein. Oder wenigstens Pilot in einem Hubschrauber. Aus dessen Führerstand man funkelnde Seen, wogende Getreidefelder und bewaldete Hügel bewundern kann. Klein-Emil wollte die trübsinnigen Menschen unter sich lassen, die so wenig Fantasie zu haben schienen und so gar keinen Blick für Feldblumen, Vogelschwärme oder Himmelssterne.

Einmal sagte er es seinem Vater, dass er Hubschrauberpilot werden wolle. Dieser schaute ihn skeptisch an und erwiderte, dass er erst einmal lernen müsse, mit Schraubenschlüsseln umzugehen. Erst wenn er Hubschrauber auseinander schrauben und wieder zusammen schrauben könne, dürfe er daran denken, in die Luft zu fliegen. Mit anderen Worten: er müsse erst einmal Techniker werden und die Technik des Fliegens von Grund auf erlernen.

Das sagte ihm sein Vater. Und er sagte es, als hätte er selber einen Schraubenschlüssel in der Hand, mit dem er an Klein-Emil herumschraubt. Klein-Emil mochte das aber gar nicht. Er lief weg, setzte sich irgendwo ins Gras und schaute in die Wolken.

Plötzlich ratterte es in der Ferne; ein Hubschrauber kam näher. Sofort begann Klein-Emils Herz heftig zu klopfen: Ja, er würde später als Hubschrauberpilot in den Himmel fliegen!

Als aus dem kleinen Emil ein großer Emil geworden war, hantierte er die meiste Zeit mit Schraubenschlüsseln. Er konnte in Blitzes-Eile Hubschrauber auseinander und wieder zusammen schrauben. Und wenn er durch die Luft flog, bemerkte er die kleinsten Veränderungen des Motorengeräuschs. Auch wusste er, wie er am schnellsten von A nach B fliegen konnte, und kannte alle wichtigen Hubschraubertypen. Nur die wogenden Getreidefelder, die funkelnden Seen und die bewaldeten Hügel sah er kaum an. Und die Wolken störten ihn sogar bei seinen Erkundungsflügen.

THEATER BEIM RITTER KUNIBERT

Eine wahre Lügengeschichte für Kinder und Erwachsene

Ritter Kunibert meldete sich noch immer nicht, obwohl ich schon dreimal laut gerufen hatte. Die graue alte Wasserburg mit dem dicken rechteckigen Wehrturm lag wie schlafend im hellen Licht der Vormittagssonne. Ratlos blickte ich auf den Korb mit Brot, Wein, Gemüse und anderen Sachen, den mir Kuniberts einziger Freund, der Graf Heinrich von der Hasenheide, am Abend zuvor gegeben hatte. Dieser Graf, den ich vom Tennisplatz her kenne, hatte mich wegen dringender Geschäfte gebeten, ihn ausnahmsweise zu vertreten und dem überaus menschenscheuen Ritter Kunibert, der angeblich seit über siebenhundert Jahren in der Burg Flunkerstein lebt, die fällige Wochenration an Speise und Trank zu überbringen.

Ob der Ritter deshalb nicht antwortete, weil er mich nicht kannte?

„Ritter Kunibert!", rief ich nochmals mit aller Kraft. „Ihr Freund, der Graf, schickt mich mit dem Essen!"

Kein Laut war zu hören. Still glitt ein Schwan durchs Wasser des Burggrabens. Ich setzte mich auf eine niedrige Mauer und warf dem Schwan ein paar Brotkrumen zu. Plötzlich drang ein Quietschen, vermischt mit blechernem Geklapper, aus dem Wohnbau der Burg. Krachend sprang ein Fenster auf, und eine eiserne Faust drohte mir herunter.

„He!", krächzte es aus der Öffnung, „was soll das Gebrüll da unten mitten in der Nacht?"

„Mitten in der Nacht?", wiederholte ich und lachte. „Es ist bald Mittagszeit, und wenn Sie mich nicht reinlassen, Ritter Kunibert, werden Sie bald nichts mehr zu essen haben."

„Was zum Kuckuck ..." Ein rotbärtiges runzliges Gesicht neigte sich schwerfällig aus dem Fenster. Der Ritter, der bis zum Hals in einer eisernen Rüstung steckte, blinzelte zornig und verschlafen mich an:

„Was zum Kuckuck will er, der Galgenstrick da unten? Soll ich ihm mit dem Schwert eins auf sein großes Maul geben? Oder ihn mit der Lanze durchlöchern? Ich bin für niemanden zu sprechen! Merke er sich das, und scher er sich zum Teufel!"

Ehe der Ritter das Fenster zuschlagen konnte, griff ich eilig nach dem Korb: „Ihr Freund, der Graf von der Hasenheide, hat mir diesen Essenskorb für Sie gegeben. Wenn Sie ihn nicht haben wollen, werde ich mich selbst damit verköstigen."

„Wie? Was? Meine Mahlzeiten?", schrie der Ritter. „Unterstehe er sich, auch nur einen Krümel davon anzurühren! Und warte er gefälligst, bis ich die Zugbrücke runtergelassen habe!"

Kunibert stampfte mit seiner quietschenden Eisenrüstung durch die Burg, bis er das Torhaus erreicht hatte. Auch ich ging zum Torhaus, wobei mich schwimmend der Schwan verfolgte, die Augen begehrlich auf den Korb gerichtet.

Unterm Gerassel der Halteketten klappte die Holzbrücke herunter und schlug krachend vor mir nieder. Betreten konnte ich die Burg aber erst, nachdem der ächzende Ritter das Fallgatter hochgekurbelt hatte.

„Reiche er mir den Korb und gehe er wieder von dannen", grummelte er, als ich unter den Torbogen trat.

„Was hat er eigentlich gegen freundliche Besucher?", wollte ich wissen. „Mag Herr Kunibert nur Leute, die sich mit einem alten Blechofen bekleiden, statt mit Jacke und Hose, wie das normale Menschen tun?"

Der Ritter richtete sich rasselnd auf: „Ich bin kein normaler, ich bin kein gewöhnlicher Mensch! Bin RITTER KUNIBERT VON KUNELSHEIM AUS DEM GESCHLECHT DER KUNELIDEN. Hast du das verstanden, du Bierknecht?"

„Ich kann mich nicht erinnern, Ihnen jemals das *Du* angeboten zu haben. Doch erinnere ich mich an gewisse ritterliche Tugenden, von denen die Geschichtsbücher berichten. Selbstbeherrschung, Bescheidenheit, Milde, Großmut und gute Umgangsformen seien die Zierde des Ritterstandes gewesen. Entweder lügen die Geschichtsbücher oder Sie, Ritter Kunibert, haben die Ideale des Rittertums gründlich vergessen."

Offenbar fühlte Kunibert sich durch meine Worte getroffen. Seine Augen, die eben noch zornig gefunkelt hatten, wurden mit einem Mal ganz feucht. Schon rollten Tränen über sein Gesicht, verliefen sich im struppigen Bart oder tropften auf den eisernen Brustharnisch.

„Ach ja", seufzte er, „wir waren nicht immer beliebt damals, weil wir die Bauern für uns arbeiten ließen und zuweilen auch friedliche Dörfer verwüsteten. Doch waren wir tapfer im Feindeskampf und großmütig gegen die Besiegten; Schutz gaben wir den Schwachen und treuen Dienst unserem Herrn."

„Stimmt es, dass Ihr damals Turnierkämpfe ausgetragen und adligen Frauen Liebeslieder vorgesungen habt?"

„O ja, junger Mann", erwiderte Kunibert, dessen Gesicht sich freudig aufhellte. „Wenn er sich das Turnierzeug und die Musikinstrumente ansehen möchte, auf meiner Burg ist noch alles in tadellosem Zustand."

Ich willigte ein, und Kunibert bat mich, die Zugbrücke hochzukurbeln; ihn würde diese Arbeit immer übermäßig anstrengen. Die Ketten ratterten und die Winde ächzte, bis die Brücke eingezogen war.

„Wieso muss sie eigentlich geschlossen sein?", fragte ich mit schweißbedeckter Stirn. „Es sind doch keine feindlichen Heere im Anmarsch, und die Kaninchen dort drüben werden die Burg gewiss nicht erstürmen wollen."

„Ich mag dieses dreiste Touristenpack nicht", schimpfte der Ritter und blickte finster. „Die kommen mit ihren verdammten Fotoapparaten und schießen schamlos auf alles, was ihnen vor die Glaskanone kommt. Außerdem nehmen sie mich nicht ernst. Sie glauben mir nicht, dass ich siebenhundert Jahre alt bin und diese schöne Burg erbaut habe. Der Kerl ist verrückt, sagen sie und grinsen frech, der gehört in die Klapsmühle. Und sowas soll ich, Ritter Kunibert, langlebigster Spross aus dem Geschlecht der Kuneliden, mir gefallen lassen? Sollen diese frechen Dummköpfe meine Burg von draußen begaffen, herein lass ich die nimmer!"

„Sind Sie der einzige Kudelide, der auf dieser Burg wohnt? Ihr hohes Alter ist ja doch erstaunlich, Ritter Kunibert."

„Nur meine Schwester ist noch am Leben. Aber sie liegt seit langem in tiefem Schlaf. Wahrscheinlich sind wir die Letzten aus dem Geschlecht der Kuneliden. Was unser hohes Alter betrifft, so verdanken wir dieses zweifelhafte Geschenk einem gallischen Druiden. Meraklit, Mirkufix, nein: Mirakulix war sein Name. Wir hatten ihn aus einer Bärenfalle befreit, deshalb schenkte er uns einen Unsterblichkeitstrank. Möglich, dass auch er noch am Leben ist mit seinen Kumpanen."

„Das ist ja hochinteressant, dann haben Sie selbst am Leben im Mittelalter teilgenommen. Aber sagen Sie mal, weshalb laufen Sie immer noch in dieser schrecklich unbequemen Eisenrüstung herum - jetzt, wo gewiss keiner kommen und Sie zum Kampf herausfordern wird?"

Der Ritter drehte mir den Rücken zu und machte ein Handzeichen: „Komme er erst einmal mit, nachher wollen wir weiterreden."

Mit dem Essenskorb unterm Arm, folgte ich meinem ritterlichen Führer, dessen Rüstung wieder einen unglaublichen Spektakel machte. Vom Hof aus erstiegen wir eine Holztreppe, kamen durch überdachte Wehrgänge und traten in ein kühles Steingebäude. Hier befand sich ein holzgetäfelter Saal. Gleich neben der Tür hingen Musikinstrumente an der Wand - Fidel und Harfe, wie der Ritter mir erklärte, Begleitinstrumente für den ritterlichen Minnegesang.

Ich schaute mich im Saal um. Alle Wände waren mit Kampfgerät behängt, und vor den Wänden waren eiserne Ritterrüstungen aufgestellt.

Kunibert wies auf einige Schwerter, Lanzen und Wappenschilder: „Damit haben wir damals im Turnier gekämpft. Mit dieser Lanze habe ich meinen Erzrivalen, den Ritter Otto Schlaginsland, unbarmherzig vom Pferd gestoßen. Sogar König Karfunkel, der dem Turnier als Zuschauer beiwohnte, hat sich klatschend von seinem Sitz erhoben."

Wir schritten an den Ritterrüstungen entlang, die wie eine aufgereihte Mannschaft von Blechmännern vor uns standen.

„Im Schutz dieser Harnische haben einst Karfunkels Mannen alle Feinde in die Flucht geschlagen. Oft habe ich selbst an der Spitze unseres Ritterheeres gefochten und meine Leute mit Zurufen angefeuert."

„Und was ist mit dem Helm dort und dem eisernen Handschuh?" Ich zeigte auf ein Tischlein mit rotem Samtkissen, auf dem beides so bedeutsam lag, als wären es Zepter und Königskrone.

„Dieser Hundsgugel und dieser Panzerhandschuh schützten mich, als ich, Ritter Kunibert, die größte und mutigste Tat meines an großen Taten überreichen Ritterlebens vollbrachte."

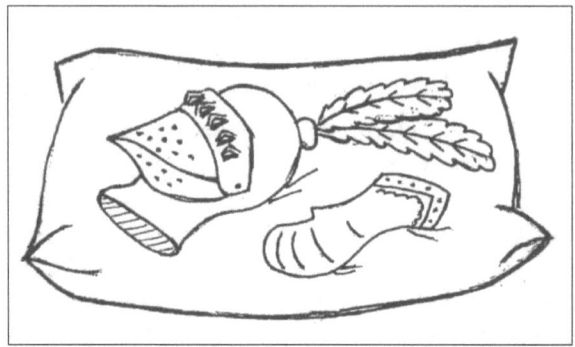

„Ein Hundsgugel?", wiederholte ich und begann zu lachen. „Was ist denn das für ein komisches Ding?"

„Na, das hätte er aber in der Schule lernen müssen!", knurrte der Ritter. „Ein Hundsgugel, das ist - sieh er her! - das ist solch ein eiserner Helm mit Gesichtsschutz, einem Visier, das man zum Kämpfen herunterklappt." Kunibert nahm den Helm vom Samtkissen und setzte ihn sich auf.

„Sieht aus wie ein Papageienkopf", sagte ich, „nur nicht so bunt."

„Lass er diese dummen Scherze!", knurrte Kunibert und nahm den Helm ab. „Ich will ihm jetzt erzählen, mit welcher Kühnheit ich damals ..."

„Warum heißt das Ding eigentlich Hundsgugel?", unterbrach ich ihn erneut. „Sind einst die Hunde damit rumgelaufen?"

„Was will er damit sagen? Potz Blitz! Noch so eine dumme Frage, und ich werfe ihn in den Wassergraben, dass ihm die Fische in sein loses Maul schlüpfen!" Kuniberts Augen funkelten jetzt wieder vor Zorn.

„Aber Ritter Kunibert, so bös hab ich das doch gar nicht gemeint. Erzählen Sie mir von ihrer Heldentat."

„Ach, ihr Hundelümmel von heute verdient überhaupt nicht, dass man euch von kühnen Taten kündet. Ihr könnt doch nur groß daher schwätzen!"

„Tut mir leid, Herr Ritter, wenn ich Sie beleidigt habe. Ich nehm's zurück. Soll auch nie wieder vorkommen."

„Pah, mich kann niemand beleidigen." Wieder richtete der Ritter sich rasselnd auf. „Glaubst du denn, dass die Flüche der Räuberbande mich beleidigt hätten, als ich König Karfunkels Tochter, die holdselige Prinzessin Edeltraut, aus den Händen dieser wilden Schufte befreite?" Donnern klopfte Kunibert sich an die eiserne Brust: „Hier, in dieser glorreichen Rüstung, mit dem Hundsgugel und dem Panzerhandschuh dort, habe ich die heldenhafte Tat vollbracht."

„Ah, ich verstehe", erwiderte ich, „und im Andenken an das große Ereignis ziehen Sie täglich ihre Kampfrüstung an."

„Stimmt nicht ganz", entgegnete der Ritter und machte ein süßsaures Gesicht. „Ich kann sie nämlich gar nicht mehr ausziehen."

„Wie? Warum das denn nicht?"

„Als ich damals mit der Prinzessin Edeltraut gen Heimat ritt - es war ein langer, langer Weg - da wurden wir von einem Unwetter überrascht. Donner und Regenguss gingen auf uns nieder; und als wir die Königsburg endlich erreichten - potz Blitz -, da war die Rüstung festgerostet!"

„Ach nein. Das gibt's doch nicht!"

„Denkt er, ich will ihn belügen? Freilich kann ich mich noch bewegen, aber die Spangen und Stifte, die den Harnisch zusammenhalten - die sind mit keinem Werkzeug mehr zu lösen. Auch der rechte Handschuh sitzt fest."

„Und da tragen Sie seit Jahrhunderten ...?" Ich konnte es kaum glauben und starrte den Ritter fassungslos an. Da kam mir die erlösende Idee. Ich holte mein Universaltaschenmesser heraus und klappte den Dosenöffner aus dem Haltegriff:

„Hier, Ritter Kunibert, ist das Wunderwerkzeug, das Sie aus ihrer Blechfolter befreien wird! Mit diesem Dosenöffner habe ich schon Benzinkanister aufgeschnitten!"

„Ist er von Sinnen?" schrie entsetzt der Ritter. „Will er meine hehre, durch edle Taten geweihte Rüstung in schnöde Stücke zerschneiden? Hol ihn der Teufel mitsamt seinem Mordinstrument!"

„Tja, dann kann ich Ihnen auch nicht helfen." Ich klappte mein Werkzeug zusammen und steckte es weg.

„Es wird Zeit, dass er verschwindet", grollte der Ritter, „sonst macht er mich noch wahnsinnig mit seinen verrückten Ideen." Kunibert drehte sich geräuschvoll um:

„Komme er mit mir ins Wohngemach, den Korb ausleeren. Und bestelle er dem Grafen freundlichst, er solle künftig wieder selber kommen, anstatt irgendeinen Hanswurst zu schicken ..."

Ich folgte Kunibert die Treppenstufen hinauf. Wir traten in einen weiß gekalkten Saal mit zahlreichen Gemälden an den Wänden. An der Schmalseite stand eine metallbeschlagene Truhe und in der Mitte des Raumes ein grober Holztisch. Darauf stellte ich den Essenskorb ab. Dann trat ich an die Wandgemälde heran, die strenge, würdevolle Gesichter zeigten.

„Sind das Ihre Ahnen, Herr Kunibert?"

„Ja, sind alles Kuneliden", brummte der Ritter, ohne vom Korb aufzublicken, den er auszupacken begann.

Offensichtlich waren alle Gemälde ziemlich alt. Die Gesichter waren matt und ausgeblichen, ebenso Schmuck und Kleidung. Ein dunkler Hintergrund umgab die Figuren. Auch Ritter Kunibert hing in der Ahnenreihe, und er trug dieselbe Rüstung wie heute.

„Wenn er einen Schritt nach links geht, kann er meine Schwester Kunigunde bewundern." Kuniberts Stimme klang jetzt wieder etwas freundlicher. Er hatte eine Weinflasche aus dem Korb genommen und trank einen kräftigen Schluck.

„Trägt auch sie dasselbe Gewand wie damals?"

„Nein, sie trägt jetzt ein Nachthemd. Ich sagte doch, dass sie schläft. Wir schrieben damals das Jahr 1486, als sie ihren Schlaftrunk einnahm."

„Und weshalb tat sie das?"

„Nun ja, die Zeiten wurden immer schlechter."

Erneut nahm Kunibert einen kräftigen Schluck aus der Weinflasche. „Zuerst waren wir reiche Burgbesitzer, geachtet von jedermann und siegreich kämpfend für unsere Landesherren. Die Bauern versorgten uns mit Nahrung. Was für Feste wir damals gefeiert haben!" Kunibert rülpste und nahm noch einen Schluck. „Da gab´s gebratene Hirsche und Hasen und saftige Schweineschinken - nicht so ein dürftiges Fresskörbchen wie dieses hier! Das - hicks - war ein Leben! Aber dann kamen die verdammten Teufelswaffen: Armbrust und Donnerbüchse. Sie zerstörten unsere Rüstungen - hicks -, und sie ruinierten unseren Ruf. Plötzlich waren wir nicht mehr gefragt, und das Bauernpack wollte uns nicht mehr ernähren. Pah!" Wieder gluckerte die Weinflasche an Kuniberts Lippen. „Aber wir ließen uns nicht unterkriegen. Wir raubten jetzt einfach, was wir brauchten. Meine Schwester fand das alles so schrecklich, dass sie den Schlaftrunk einnahm. Wecke mich, wenn die Zeiten wieder besser werden, hat sie gesagt. Bald - hicks - war ich ganz allein mit ihr. Meine ritterlichen Freunde starben einer nach dem anderen. Einzig die Grafen von der Hasenheide erinnerten sich des tapferen Retters der holdseligen Prinzessin Edeltraut, erinnerten sich an Ritter Kunibert von Kunelsheim, den ruhmreichen Spross aus dem Geschlecht der Kuneliden. Diese ehrsamen Grafen haben mich bis heute - hicks - mit dem Notwendigsten versorgt." Der Ritter nahm eine zweite Weinflasche aus dem Korb und setzte sich krachend auf eine Holzbank.

„Meinen Sie nicht, Ritter Kunibert, dass es an der Zeit ist, Ihre Schwester zu wecken?"

„Was will er damit sagen?" Kunibert blickte mich durchdringend an.

„Na, wie lange wollen Sie denn noch warten? Und worauf warten Sie eigentlich?"

Kunibert erhob sich von der Holzbank: „Ich warte, bis wir Ritter wieder unsere alte wichtige Rolle in der Welt spielen. Erst wenn man mich wieder achtet und bewundert, werde ich meine Schwester Kunigunde wecken."

„Dann wird sie wohl schlafen müssen bis in alle Ewigkeit", sagte ich halblaut.

„Was soll das heißen?" schnaubte der Ritter.

„Ja, glauben Sie denn im Ernst, dass die Welt euch Blechmänner jemals wieder wird gebrauchen können? Solange Sie, Herr Kunibert, sich mürrisch verkriechen und von mitleidigen Grafen durchfüttern lassen, wird keiner Sie achten oder gar bewundern. Das könnte sich nur ändern, wenn Sie ein sinnvolles Leben beginnen. Versuchen Sie einfach, anderen Menschen Freude zu machen! Ihre Schwester Kunigunde würde Ihnen sicher dabei helfen."

„Was faselt er da für 'n Unsinn? Will er mich bevormunden, der Grünschnabel? Komme er erst einmal in mein Alter und sammle er meine Lebenserfahrung!" Misslaunig kehrte Kunibert sich um.

„Besten Dank, Herr Ritter, auf solche Lebenserfahrung kann ich verzichten. Die meiste Zeit Ihres Lebens scheinen Sie nicht anders zugebracht zu haben als Ihre bleichen Ahnen dort an der Wand. Auch Sie, Herr Kunibert, sind nur noch ein fahles Gespenst. Und wenn Ihre Verwandten längst in der Erde liegen, so haben Sie in ihrer Ritterrüstung sich eingesargt!"

„Potz Blitz, der Kerl hat mein Brot angefressen!" Kunibert wies auf zwei pfenniggroße Löcher in der Brotkruste.

„Damit habe ich den Schwan gefüttert. Wird ja wohl nicht so schlimm sein oder?"

„Nicht so schlimm?" fauchte der Ritter mit gerötetem Gesicht und lief stracks zur Wandtruhe.

„Dieses blöde Federvieh mit meinem ritterlichen Brot mästen! Na warte, das werd´ ich dir heimzahlen!"

Kunibert griff in die Truhe und kam mit blitzendem Schwert auf mich zu gerannt. „Glaubst du immer noch, dass ich ein fahles Gespenst bin?" Kunibert berührte mit der Schwertspitze meinen Bauch und drängte mich die Wendeltreppe hinauf. „Du wirst deinem lieben Schwan jetzt Gesellschaft leisten."

Als wir die Plattform des Wehrturms erreichten, versuchte ich verzweifelt Kunibert zur Vernunft zu bringen.

„Ritter Kunibert, Sie haben zu viel Wein ... Ich wollte doch bloß ..."

„Halt er den Mund, und steige er zwischen die Zinnen!" Kunibert stupste mich mit dem Schwert.

„Na, siehst du den Schwan im Burggraben?"

„Ja, ich seh´ ihn", antwortete ich beklommen.

„Dann spring jetzt, oder mein Schwert wird dich durchbohren!"

„Ritter Kunibert, ich will Sie nie wieder beleidigen. Ich habe doch bloß ..."

„Spring jetzt oder ..." Ein Schlag von Kuniberts flacher Schwertklinge traf mich. Ich verlor das Gleichgewicht und sauste kopfüber ins Wasser.

Als ich aus dem Wasser auftauchte, kam lautes Gelächter vom Turm. Dann stimmte der Ritter einen schadenfrohen Gesang an:

> *„Kunibert von Kunelsheim*
> *trinkt so manchen Becher Wein*
> *und verdrischt die Leute dann*
> *mit dem Schwert so gut er kann."*

„Elender Haudegen!" rief ich und ruderte zum Grabenrand. Neugierig kam der Schwan näher.

„Was für ein eingebildeter, unfreundlicher Burgherr das doch ist. Wenn er dir jemals nahe kommen sollte, guter Schwan, dann beiß ihn, wo du ihn erwischen kannst."

Klatschnass stieg ich aus dem Wasser. Im gleichen Moment schallten Kinderstimmen vom Wald herüber, wahrscheinlich von einer Schulklasse, die zur Burg wollte. Erneut wurde Kuniberts blecherner Schritt vom Turm her vernehmbar. Er kletterte auf eine Zinne und schwenkte lachend den Korb hin und her.

„Da, du Wasserwanze, der Korb für den Grafen!" rief er und ließ ihn mit Schwung über den Graben fliegen. Doch war es nicht nur der Korb, der durch die Luft sauste. Ritter Kunibert hatte offenbar zu viel Schwung genommen, er tanzte mit fuchtelnden Armen über die Zinne hinaus und fiel klatschend ins Grabenwasser.

O je, Kuniberts schwere Eisenrüstung! Er brauchte dringend Hilfe. Mit einem Kopfsprung war ich im Wasser. Auch die Schulkinder hatten das Malheur gesehen.

„Kriegen Sie ihn allein rauf, oder soll ich helfen?" rief der Lehrer und zog schon seine Jacke aus.

„Kommen Sie, Kunibert steckt in einer schweren Eisenrüstung!"

Schnell bekamen wir Kunibert zu fassen. Doch ohne die Hilfe der Kinder hätten wir ihn nicht aus dem Wasser heben können. Auch mussten einige den Schwan ablenken, der wütend fauchte und Kunibert sogar in den Finger biss.

Das Verrückteste geschah, als der Ritter wieder zur Besinnung kam.

„Ah, mein Bauch zwackt und kitzelt", kreischte er und schlug sich auf den eisernen Harnisch, „da muss was drunter sein, was Lebendiges!"

„Da ist ein Fisch drunter", stellte der Lehrer nach kurzer Untersuchung fest.

„Nehmt ihn fort, diesen verdammten Fisch", schrie Kunibert, „das zappelt und kitzelt so entsetzlich, ich kann's nicht länger aushalten!"

Vergeblich versuchten wir den Fisch zu fassen. Da blieb nur noch eine Lösung: mein Universaltaschenmesser!

Nach zwei Minuten klappte der Harnisch auseinander und ein dicker Karpfen hüpfte heraus. Mit großem Geschrei warfen die Kinder ihn in den Wassergraben. Kaum hatte Kunibert sich von seinem Schrecken erholt, wurde ihm bewusst, dass er nicht in seine Burg zurückgehen konnte. Er hatte mich ja die Zugbrücke hochkurbeln lassen.

„O Jammer, jetzt ist alles aus", wimmerte der Ritter. „Die Burg ist verschlossen, und ich bin ein Mann ohne Heimstatt."

Alle schwiegen betroffen, und wir begannen nach einer Lösung zu suchen. Schließlich machte ich den Vorschlag, Kuniberts schlafende Schwester wachzurufen. Sie könnte doch die Zugbrücke herunterlassen.

„Aber die schläft doch ganz fest", jammerte Kunibert. "So laut kann keiner rufen, dass sie aus ihrem Jahrhundertschlaf erwacht."

„Vielleicht kein einzelner", meinte eine gewitzte Schülerin, „aber wenn wir alle zusammen rufen, dann wird sie bestimmt wach!"

Gesagt, getan: Der Lehrer gab den Einsatz, und Kunigundes Namen erscholl so laut, dass die ganze Burg zu zittern begann.

Und wirklich, das Erhoffte geschah. Ein Burgfenster ging auf, und Kunigunde blickte schlaftrunken heraus. Bald ratterte die Zugbrücke herunter. Kunigunde, eine schöne, würdevolle Dame, setzte sich zu uns, und wir berichteten ihr, was vorgefallen war. Dann ließ Kunibert sich den Rest seiner Ritterrüstung von mir aufschneiden.

„Was für ein elender Narr ich doch gewesen bin!", rief Kunibert. Er musste über sich selber lachen, als er jetzt mühelos vom Boden aufstehen konnte.

„Kommt mit, ihr lieben Kinder, und auch Sie, Herr Lehrer und Sie, mein junger Freund! Ich lade euch zu einem Picknick in meiner Burg ein."

Als Kunigunde uns trockene Kleider brachte und die Kinder die prächtigen alten Gewänder sahen, hatten sie sofort die Idee, dass man damit ein Rittertheater aufmachen könnte. Kunibert und Kunigunde sahen einander an.

„Eine großartige Idee!", pflichtete Kunibert bei. „Wir könnten spielen, wie die Menschen im Mittelalter gelebt haben. Hättest nicht auch du Lust dazu, Kunigunde?"

Eine Woche später war es soweit. Kunibert und der Lehrer hatten das Textbuch geschrieben. Kunigunde spielte die Prinzessin Edeltraut, Kunibert den edlen Ritter, und ich war König Karfunkel. Die Kinder verkleideten sich als Räuber, Edelleute und vornehme Damen. Als das Stück zum ersten Mal aufgeführt wurde, war es ein riesiger Erfolg. Insbesondere Kuniberts ritterliches Auftreten begeisterte die Zuschauer und wurde laut beklatscht.

So kam es, dass sich die Wasserburg in ein Theater verwandelte, das noch heute gern besucht wird. Kein Graf von der Hasenheide braucht mehr Essenskörbe zur Burg Flunkerstein zu schicken, denn die zahlenden Theatergäste sorgen für Speise und Trank. Ritter

Kunibert ist inzwischen Theaterdirektor und spielt auch in modernen Komödien gerne mit.

Eine Weinflasche hat er allerdings *nie wieder* angerührt.

VERMISCHTES

PRIVILEGIEN - Mein Großvater aß gerne Suppen. Und er hatte die Gewohnheit, die Suppe laut vom Löffel zu schlürfen. Als ich das nachzumachen versuchte, hat meine Großmutter mir diese Unart streng verboten: Nur Opa dürfe schlürfen, schließlich sei er das Familienoberhaupt.

Auch ich konnte mir ein Privileg sichern. Unter dem Vorwand, dort säße eine Mücke, durfte ich nämlich Opas elastische Hosenträger gegen seinen Rücken schnalzen lassen. Oma durfte das nicht.

WANDELNDE WEIHNACHTSGESCHENKE - Meine Mutter wuchs in bescheidenen Verhältnissen auf. Sie war das letzte von fünf Kindern. Da ihr Vater als Anstreicher wenig Geld verdiente, fielen die Geschenke eher mager aus. Doch das kleine Mädchen, das einmal meine Mutter werden sollte, war schlimmer dran als ihre vier Geschwister: Sie war am Zweiten Weihnachtsfeiertag zur Welt gekommen. Jedes für sie bestimmte Geschenk, das am Heiligen Abend unterm Christbaum lag, sollte am Ersten Weihnachtsfeiertag auf mysteriöse Weise verschwinden. Erst am Zweiten Feiertag tauchte es als Geburtstagsgeschenk wieder auf.

STILLES GLÜCK - Als Kind pflegte er sein Milchfläschchen zu nehmen, sich das Kissen auf dem Sofa zurechtzurücken, den Kopf darauf zu platzieren und das Fläschchen genüsslich auszutrinken. Niemand brauchte dabei anwesend zu sein, nur das Fläschchen zählte.

Als gereifter Mann pflegte er ein Buch zu nehmen, sich das Kissen auf dem Sofa zurechtzurücken, den Kopf darauf zu platzieren und das Buch genüsslich auszulesen. Niemand brauchte dabei anwesend zu sein, nur das Buch zählte.

ALTERLOSES SCHAUSTÜCK – Er breitete sein Wissen aus wie einst seine Spielsachen, wenn wichtiger Besuch im Hause war.

LEERER SIEG - An der Haustür angekommen, ruft der Knabe triumphierend: „Ich bin Erster, Papa, ich bin Erster!" Doch Papa reagiert nicht. Energisch wiederholt das Kind seinen Ruf. Aber Papa bleibt unbeeindruckt - als wäre nichts geschehen, schließt er die Haustür auf.

Weshalb hat er nicht mitgespielt? War ihm das Spiel zu albern? Haben die Rufe seines Sohnes ihn nur genervt? Der Kleine wollte gelobt, wollte als Sieger anerkannt werden. Beim Sport waren die Ersten ja immer die Besten. Da rauschte Beifall auf. Der Erste stand oben auf dem Siegertreppchen und reckte triumphierend den Goldpokal empor.

Warum hat Papa nicht geklatscht? Hat er sich geärgert, weil er nicht der Erste war? Oder ... oder ...?

VERTRIEBENEN-GLÜCK - Nichts erstrahlt paradiesischer als ein verlorenes Paradies.

DAS PHYSIKGESPENST - Für Kinderaugen ist beseelt, was eigensinnig sich regt: Nicht nur Sperling oder Regenwurm, auch die Stubenuhr mit dem ruhelosen Perpendikel oder die Balkenwaage in der Küche. Deren Gleichgewichtsspiel war ein launisches Mysterium. Ich belastete die Messingschalen mit unterschiedlichen Gewichten. Ein großes Gewicht ließ die Waagschale hart aufschlagen. Legte ich dann kleinere Gewichte auf die Gegenschale, kam irgendwann der mysteriöse Moment, in dem die Waage zu tanzen begann. Was eben noch tot gewesen, wurde mit einem Mal lebendig. Und schon ein winziges Gewicht genügte, die Waage sterben zu lassen. Nichts reagierte so empfindlich wie dieses seltsame Küchengerät. Mitunter erschrak ich, wenn eine Waagschale plump herunterkrachte. Wie eine heikle Person, die man vorsichtig behandeln musste, schien die Balkenwaage voll launischen Eigensinns. Achtete ich nicht auf die Gewichtszahlen, schienen unberechenbare Dämonen sie zu beherrschen. Erst als ich lernte, die Gewichte abzustimmen, zeigte die Waage sich wie verwandelt.

Eine frühe Lektion zum Thema Naturbeherrschung.

VERGÄNGLICHKEIT - Niemand hat je die Zeit gesehen. Doch gibt es nichts Sichtbares in der Welt, an dem sie nicht ihre Spuren hinterließe. Nichts könnte sich ereignen ohne sie, weder ein Aufblühen noch ein Abwelken, keine Entwicklung fände statt, und es gäbe keine Lebenszyklen.

Wie an vieles andere haben wir uns an den Zeitfluss gewöhnt und an die Veränderungen, die er mit sich bringt. Doch kann uns die Zeit auch verwirren und erschrecken. Oder uns in philosophisches Staunen versetzen.

Wortwörtlich erinnere ich mich eines Wilhelm-Busch-Zitates, das auf dem Titelblatt unseres Schul-Geschichtsbuches abgedruckt war:

> *Eins, zwei, drei im Sauseschritt*
> *läuft die Zeit, wir laufen mit.*

Sechs Jahrzehnte sind seitdem vergangen. Heute geht der Siebzigjährige gemächlicher durch seine Tage als der damals Zwölfjährige. Trotzdem scheint die Zeit ihren Sauseschritt mehr und mehr zu beschleunigen.

Es ist der unaufhaltsame Fortgang der Zeit, der Fragen aufkommen lässt nach der Tragfähigkeit unseres Seins und Bewusstseins. Was den Zwölfjährigen an dem Motto belustigte und zugleich beunruhigte, war die fatale Verquickung des allgemeinen Zeitflusses mit der eigenen personalen Existenz. Gegenüber der Zeit hatte man keine Chance. Kein Mensch kann ihrem Fluss Einhalt gebieten. Wie auf einem Floß treibt ausnahmslos jeder mit ihr stromabwärts. Die prominenten Figuren, deren Bilder das Geschichtsbuch zierten, sie waren längst nicht mehr: Prunkvoll drapierte Könige, Napoleon auf hohem Ross, Fürst Bismarck mit Stock und Zylinder - der Sauseschritt der Zeit hatte sie allesamt hinter sich gelassen. Und ich, der Schulknabe, den das Geschichtsbuch ansonsten nur mäßig interessierte, kam nicht los von der beunruhigenden Vorstellung, dass auch mein Lebensboot einmal würde kentern und versinken müssen in dieser ruhelos strömenden Rätselzeit.

Ein Rätsel blieb sie mir bis heute, und sie wurde immer rätselhafter, je mehr ich darüber nachdachte. Stets gegenwärtig, obwohl kein Auge sie je sah, kein Ohr sie je hörte und keine Hand sie greifen kann. Jedes Zeitereignis ist dahin, sobald es sich ereignet hat, und kein Gestern wird wieder zu einem Heute. Wenn die Zeit aber so flüchtig und unsolide ist, sollte es da mit mir, ihrem Mitläufer, anders bestellt sein? Durfte ich mich sicher wähnen, als wäre ich geborgen in der Ewigkeit?

Wie aber erklärt sich die paradoxe Erfahrung einer stehenden Gegenwart? Wir bleiben im Jetzt verankert, derweil die Ereignisse kommen und gehen. Je weniger das Bewusstsein von Wünschen oder Ängsten sich beherrschen lässt, desto deutlicher kann man den inneren Zeugen spüren, der allem Wechsel enthoben zu sein scheint. Sind die Gedankenbewegungen zur Ruhe gekommen, bekommt das Bewusstsein den Charakter einer zeitlosen, in sich ruhenden Präsenz. Verglichen damit nimmt sich der Sauseschritt der Zeit seltsam unwirklich aus. Er scheint dubiose Abenteuerfilme hervorzuzaubern, darin wir die Posse unserer Vergänglichkeit spielen.

LIED DES LEBENS

Wir sind wie der Wind
ein flüchtig Wehen,
bleiben nirgends und niemals stehen,
kein Heim, wo wir wirklich zu Hause sind.

Vergebens suchen wir festzustellen
die Trittspur von unsres Lebens Lauf;
es hoben und senkten sich viele Wellen,
sie zogen hinunter, sie schoben hinauf.

Wir sind wie der Wind,
der die Seiten blättert
von einem eng bedruckten Buch,
worinnen ein Romanheld klettert,
der kam zu kürzestem Besuch.

Dem Wind verwandt aus Luft gemacht -
Wurden wir etwa herausgelacht?
Herausgenießt? Herausgepfiffen?
Getrillert mit hurtigen Flötengriffen?
All dies erwägend lang und breit,
verklingt das Lied in kleiner Zeit.

ENTZAUBERUNG

Leise erwachend verharre ich,
halt noch geschlossen die Lider;
wunderbar in mir eröffnet sich
ein Zauberreich, ich kenn´ es wieder.

Das Kind einst hat so in die Welt geblickt,
hat ganz so gelauscht und empfunden,
war selig erstaunt und innig entzückt,
empfing Glück in ewigen Stunden.

Wie einst klingt mir hell jetzt der Vögel Gesang,
wie einst fällt mir Licht in die Seele,
wie einst blüht die Freude hell auf und mein Dank
will singen aus jubelnder Kehle.

Doch träume ich denn? Bin ich nicht schon wach?
Und lieg nur im Bette geborgen?
Die Sonne scheint warm, das Vögelein lacht,
es wartet auf mich hell der Morgen.

Ich öffne die Augen.
Kahler Alltag gähnt durchs Fenster.
Vögel zanken und die Sonne
bescheint dreist meine Nüchternheit.

KLANGREISE

Als du anschlugst die goldene Scheibe,
mit deinem Filzstab den mächtigen Gong,
drang schwellender Donner in mich,
und Lichtkraft flutete wachsend
durch unermessliche Ahnungsräume.
Dann war mir,
als flössen Glühen und Klingen
allmählich in sich selbst zurück,
zum Port des nicht mehr Manifesten,
fernste Erinnerung weckend
an vorzeitlich bergende Geistesstille.

FSC
www.fsc.org
MIX
Papier | Fördert
gute Waldnutzung
FSC® C083411

Zeitfracht Medien GmbH
Ferdinand-Jühlke-Straße 7
99095 Erfurt, Deutschland
produktsicherheit@kolibri360.de